Gerd Thiele

WEIHNACHTSGESCHICHTEN FÜR ERWACHSENE

WEIHNACHTSFRAUEN GIBT ES NICHT

- MuSingal -

MuSingal Verlag, Cottbus
1. Auflage

ISBN:
978-3-948870-33-1

Dieses Buch ist auch als E-Book erhältlich.

Autor:
Gerd Thiele

Umschlag & Illustrationen:
Christina Lerch - Five Elements Films GmbH - Österreich

Satz:
Ronny Schröter

Druck:
tredition GmbH, Halenreie 40-44, 22359 Hamburg

Inhalt

Ein paar Worte vorab...

Im folgenden Buch finden Sie 13 Weihnachtsmärchen. Nicht immer ist der Bezug zu Weihnachten gleich ersichtlich. Trotzdem sind es Weihnachtsmärchen für Erwachsene, denn der Anlass für die ersten von ihnen war die jährliche Weihnachtsfeier mit meinen damaligen Kollegen. Dort gehörte es zur Tradition, dass ich jedes Jahr ein neues Weihnachtsmärchen vorlas, immer voller Anspielungen auf das aktuelle Geschehen.

Traditionen können zur Last für denjenigen werden, der sie ausüben muss. Manches Jahr musste ich ganz schön Druck aufbauen, damit endlich was in die Computertastatur floss.

Inzwischen arbeite ich nicht mehr mit den Kollegen von damals zusammen, die Weihnachtsfeiern gibt es nicht mehr, aber Weihnachtsmärchen schreibe ich immer noch gern. Nicht mehr unter Druck, nicht immer unbedingt jedes Jahr ein neues, aber hin und wieder.

Ich habe alle Märchen etwas bearbeitet und eine kleine Vorbemerkung dazu geschrieben. Immerhin behandelten sie im Original nicht nur die große Politik satirisch, sondern auch die ein- oder andere Sache, die sich im Unternehmen abspielte.

Dazu gehörte manchmal auch ein bisschen Mut, denn die Regierung kritisieren darf jeder, beim eigenen Chef muss man da schon vorsichtiger sein. Aber meine Vorgesetzten, übrigens oft Frauen, hatten Humor und so durfte ich immer weiter machen.

Trotzdem wollte ich, dass der Leser auch heute den Zusammenhang findet. Deshalb die Bearbeitung, auch wenn ich auf den ein- oder anderen Gag verzichten musste. Ich hoffe, Sie liebe Leserin, lieber Leser, haben Spaß und können sich auch mit der einen etwas traurigen Geschichte anfreunden. Aber Weihnachten setzt ja viele Gefühle frei. Sie dürfen aber das Buch natürlich auch zu anderen Zeiten lesen.

Ich danke allen, die mitgeholfen haben. Meinen Kollegen von damals zuerst, die mich zu immer neuen Geschichten inspirierten. Sie drängten mich damals schon, ich solle sie doch mal veröffentlichen. Aber erst Ronny bot mir an, mit seinem MuSingal Verlag wirklich ein Buch daraus zu machen. Er hatte mich bei einem Weihnachtskonzert der Cottbuser Band „Träumer & Menschen" gehört. Ich singe da keinesfalls mit, sondern durfte sozusagen als Überraschungsgast zwei meiner Märchen vortragen. Danke auch an Christina von Five-Elements-Films GmbH aus Österreich, die das Cover und die Illustrationen gestaltete und an Jana und Christian, die Geschäftsführer dieser erfolgreichen

Filmproduktionsfirma, die mich beim Marketing unterstützten. Danke nicht zuletzt an meine Frau Karin, die mich oft stundenlang den Feierabend allein am Computer verbringen ließ und dann alles, was ich in die Tastatur gehämmert hatte, Korrektur las. Und natürlich danke an Sie, dass Sie dieses Buch gekauft haben. Vielleicht um es selbst zu lesen, vielleicht aber auch, um es als Geschenk unter den Weihnachtsbaum zu legen. Da gehören Weihnachtsmärchen hin.

Das folgende Märchen schrieb ich in den 1990er Jahren, kurz nach der sogenannten Wende. Es spiegelt eigentlich die damalige ostdeutsche und kommunale Situation ein wenig wieder. Im öffentlichen Dienst fanden zahlreiche Überprüfungen statt. Viele mussten gehen, weil sie in der DDR zu staatsnah waren. Das traf natürlich vor allem für die ehemaligen Eliten zu, so dass viele aus der zweiten in die erste Reihe rückten. Nicht alle waren tatsächlich dafür geeignet.

Oft tobte auch ein ziemlich schmutziger Kampf um Posten und Positionen, und manchem wurde wohl auch Unrecht getan. Nicht jeder, der plötzlich so tat, als wäre er schon immer dagegen gewesen, gehörte auch tatsächlich zu jenen, die sich aktiv gegen die Verhältnisse in der DDR auflehnten. Mancher war vielleicht einfach nur froh, dass er in seiner Position zu unbedeutend war, um für die sogenannten Sicherheitsorgane interessant gewesen zu sein.

In der Kommunalpolitik meiner Stadt machte sich langsam bemerkbar, dass man sich vieles nicht mehr so richtig leisten konnte, und man suchte verzweifelt nach Einsparmöglichkeiten. Beim Theater wollte man zum Beispiel das hochklassige Ballettensemble abschaffen. Ein führender Kommunalpolitiker erklärte, er habe auch schon sehr schöne Bühnenstücke gesehen, in denen nur zwei Tänzer auftraten.

Nicht jeder, der zu dieser Zeit seinen Job und seinen Posten verlor, endete als Langzeitarbeitsloser in den Warteschleifen der wie Pilze aus dem Boden schießenden Bildungsträger. Mancher nutzte tatsächlich die Gunst der Stunde oder des heimlich beiseite geschafften ehemaligen Volksvermögens. Für Versicherungsmakler und Finanzberater war in Ostdeutschland eine Goldgräberzeit, mancher konnte sich auch als Immobilienmakler oder Autoverkäufer profilieren. Wobei ich es selbstverständlich jedem gönne, der es in dieser Zeit mit Witz, Geschick und Ehrlichkeit geschafft hat, sich eine Existenz aufzubauen.

Der Wolf und das böse Rotkäppchen

Manchmal ist es regelrecht ein Wunder, dass Weihnachten pünktlich und in Harmonie stattfinden kann. Ich denke dabei gar nicht an die Hektik, welche die vorweihnachtlichen Besorgungen verbreiten. Denn die leichtsinnigen Geldausgaben bereuen die meisten Leute erst am Nachmittag des Neujahrstages, wenn ihnen bewusst wird, dass es nun zwar wieder ewig dauert bis zum Sommerurlaub, aber nach spätestens sechs Monatsgehältern der Flug auf die Trauminsel bezahlt werden muss, den man in der November und Dezember Tristesse unmittelbar vor dem Festeinkauf im „Laufland“ in der Filiale des dortigen Reisebüros mit 10% anzahlte. Damals war man noch froh, heruntergehandelt zu haben, denn auch die hübsch gestylte Mitarbeiterin im Schaufenster der Reiseagentur brauchte noch ein bisschen Kleingeld und wollte einem doch glatt 25 % Anzahlung abknöpfen, um die Provision zu strecken. Aber man hatte das Kleingedruckte vom Vorjahr noch im Gedächtnis und imponierte ein wenig mit seinem Scheinwissen, murmelte „unlauterer Wettbewerb“ vor sich hin und musste eben doch nur einen halben Tausender hinblättern, was relativ leicht fiel, da das sogenannte dreizehnte Monatsgehalt etwas Entspannung im Dispokredit geschaffen hatte.

Nein, diesen Frust meine ich nicht, der spielt kurz vor Weihnachten noch keine Rolle, da ist man noch stolz auf sich, erst später denkt man: „Hätte die Schnecke doch auf 25% bestanden, nie und nimmer hätte ich gebucht, verflucht, wo werden solche Leute nur ausgebildet?"

Viel interessanter ist, was sich so kurz vor Weihnachten bei den Leuten abspielt, die direkt mit Weihnachten zu tun haben. Es ist natürlich Quatsch, jetzt zu behaupten, die leben alle im Märchenwald. Das war vielleicht zu Zeiten der Gebrüder Grimm so, immerhin soll da der Wald noch gesund gewesen sein. Heute leben die Märchenleute irgendwo, eigentlich sehen sie sich das ganze Jahr nicht, nur kurz vor Weihnachten, da kommen sie alle mal zusammen. Dann wird nämlich beraten und überprüft, ob sich auch alle so benommen haben, dass sie im Jahresendprogramm auftreten können. Gerade zu Weihnachten schaut man auf die Märchen. So mancher Vater, der sonst ein ganz harter Hund ist, und seinen Sohn auch donnerstags 20:00 Uhr ins Bett schickt, obwohl da auf Pro Sieben Akte X läuft, so mancher Vater also erlaubt, dass Weihnachten auf dem Fernseher in der guten Stube ein Märchen gesehen wird. Ohne ein mürrisches Wort verzieht er sich am Heiligen Abend ins Kinderzimmer, um dort auf dem 35 cm Bildschirm zu gucken, wie Jean Claude van Damme so ein paar Wüstenmuftis das Gehirn aus dem Schädel feuert.

Ja, die Märchenfiguren spielen eine wichtige Rolle bei der Organisation der weihnachtlichen Atmosphäre im Lichte der elektrischen Christbaumbeleuchtung.

Eines Tages nun aber geschah es, dass die Zusammenkunft eben jener Gesellen überhaupt nicht in christlicher Stimmung verlief. Den Anfang machte nämlich Rotkäppchen, die sich furchtbar darüber aufregte, dass sie sich wie jedes Jahr vom Wolf fressen lassen sollte. Sie meinte, dass es überhaupt noch nicht erforscht sei, ob das alljährlich vorweihnachtliche Gefressenwerden nicht irgendwelche Nachwirkungen hinterlassen könne. Wer weiß, mit welchen Bakteriophagen sie im Magen des Wolfs zusammentreffen würde.

Natürlich waren alle Anwesenden zunächst sehr erschrocken über die Äußerungen des Rotkäppchens. Bisher hatte es nämlich noch niemand gewagt, offen Kritik an den Zuständen im Märchenland zu üben. So war es auch zu erklären, dass der vorsitzende Weihnachtsmann zunächst überrascht reagierte und zu nichts anderem fähig war als zu der Frage: „Wieso?"

Jetzt war auch Rotkäppchen überrascht, denn eigentlich hatten sie die sieben Geißlein überredet, das Thema einmal anzusprechen. Obwohl die sieben eigentlich nichts auszustehen hatten, denn der

Wolf hatte sie schon lange nicht mehr gefressen, was aber auch daran lag, dass sich dieser Stoff nur schwer verfilmen ließ, schließlich hatte es schon beim Schweinchen Babe oder den 101 Dalmatinern Proteste von Tierschützern gegeben ...

Die sieben Geißlein hatten Rotkäppchen ein Pfund echten Ziegenkäses versprochen, wenn sie sich beschweren würde. Da war Rotkäppchen schwach geworden, denn immerhin stellte Ziegenkäse eine echte Rarität dar, ein Ostprodukt eben, früher überall statt Camembert zu haben, aber heute, na, da musste man aber suchen bei den Supermarktketten von Quengelmann.

Rotkäppchen also hatte gesprochen und eigentlich fast mit dem Rausschmiss aus dem Märchen gerechnet, aber der vorsitzende Weihnachtsmann fragte nur „wieso?“.

Ein eisiges Schweigen legte sich über den Tagungsort und der vorsitzende Weihnachtsmann erkannte nach wenigen Minuten, dass er etwas tun müsse. In seiner Not suchte er nach den Blicken der Märchenfiguren, aber die schauten alle nach unten oder zur Seite, so als hätte der Weihnachtsmann gefragt, ob sich noch jemand beschweren wolle.

Nur die Großmutter, die schaute den Weihnachtsmann ganz freundlich an. Sie hatte nämlich vor kurzem einen Fortbildungslehrgang für Selbstmotivation und Persönlichkeitstraining besucht und kriegte daher gar nicht mit, was eigentlich los war.

„Großmutter", fragte der vorsitzende Weihnachtsmann, „würdest du dich dieses Jahr wieder fressen lassen?"

Da nickte die Großmutter eifrig, denn sie war stolz, als erste vom Chef angesprochen zu werden und wertete dies als Ergebnis ihres mentalen Trainings. Rotkäppchen aber dachte, die Großmutter sei froh, in ihrem Alter überhaupt noch einen Job machen zu dürfen. Dafür ließe sie sich von jedem fressen. Das sagte sie jetzt aber nicht laut, denn ein bisschen Mutigsein genügte schließlich für den Anfang.

Da mischte sich Schneewittchen ein. Sie sah plötzlich für sich und ihre Firma eine Chance. Immerhin waren in ihrem Märchen die Personalkosten sehr hoch. In den letzten Jahren hatte es schon Überlegungen gegeben, die Geschichte ganz abzuwickeln. Nur der Protest der Vereinigten Bestattungsunternehmer hatte schlimmeres verhindert, denn diese kamen zumeist aus westlichen Landen und sahen den Absatz von Glassärgen gefährdet. Immerhin hatte aber ein hochgestellter Herr, der von Märchen zwar keine Ahnung, aber viel zu sagen hatte verkündet, er habe auch schon sehr schöne Märchen mit nur zwei Zwergen gesehen.

Schneewittchen wäre mit ihrer Mannschaft sofort bereit gewesen, im Weihnachtsprogramm aufzutreten. Der bösen Stiefmutter war es relativ egal, ob sie nun Schneewittchen vergiften oder Aschenputtel verprügeln solle und enthielt sich der Stimme. Der schöne Königsohn hatte auch mal wieder Lust auf eine schnuckelige Prinzessin und war sofort dafür. Die sieben Zwerge entschieden sich einstimmig. Selbst Dornröschen und ihre Crew sagten Unterstützung zu. Sie hatten gerade einen alten Herrschaftssitz in der Lausitz erworben, der war in einem Zustand, dass er noch mal hundert Jahre Schlaf nicht überstanden hätte. Deshalb wollten sie dieses Jahr sowieso aussetzen.

Es sah also alles nach einer absoluten Mehrheit für Schneewittchen aus, was gerade zu Weihnachten unter sozialen Aspekten wichtig gewesen wäre.

Der Wolf hatte die ganze Zeit nur zugehört. Er wartete den richtigen Moment ab, um sich in Szene zu setzen. Als eigentlich alles schon klar war, rief er in die Runde. „Sind wir also schon wieder so weit, dass die Rotbekäppten", er sagte wirklich „Rotbekäppten", was die Sache beinahe ins Lächerliche hätte abgleiten lassen, „sind wir schon wieder so weit, dass die Rotbekäppten hier das Sagen haben?"

Ein Raunen ging durch die Menge. Jetzt musste noch einmal diskutiert werden. Schließlich hatte der Wolf das einzige Argument ins Feld geführt, bei dem jeder auf seiner Seite stehen musste, wollte er nicht sein Gesicht verlieren. Ein paar Unverbesserliche gab es zwar immer noch. So fragte Frau Holle: „Was soll denn das jetzt?" Aber sie schwieg schnell, denn immerhin hatte man ihr erst kürzlich vorgeworfen, jahrelang wertvollen Schnee aus dem Fenster geworfen und dabei selbst in Saus und Braus gelebt zu haben. Frau Holle musste froh sein, überhaupt noch geduldet zu sein, auch wenn sie keiner mehr ernst nahm.

Der Wolf setzte noch eins drauf und erzählte, wie er früher immer von Rotkäppchen gequält und gepeinigt wurde. So hatte Rotkäppchen des Öfteren von ihm verlangt, ein Stöckchen zu holen, was sie vorher weggeworfen hatte. Der Wolf tat dies zwar immer, aber innerlich kochte der Widerstand und er blickte Rotkäppchen immer mit gierigen Augen an, zumindest, wenn sie es nicht sah. Man sei es also ihm und den vielen anderen gequälten Wölfen schuldig, dass in diesem Jahr endlich wieder einmal das Rotkäppchen gefressen wurde.

Es kam zu heftigen Kontroversen zwischen den Anwesenden. Der vorsitzende Weihnachtsmann schlug vor, eine Kommission zu gründen, welche die Vorwürfe der Tierquälerei untersuchen sollte. Der Wolf wurde beauftragt, Vorschläge für die Mitglieder zu benennen und schlug sich gleich selbst vor. Daraufhin gründeten die sieben Geißlein eine alternative Kommission unter Vorsitz des Jägers. Allerdings musste dieser seinen Posten bald wieder abgeben, weil bekannt wurde, dass er in der Vergangenheit immer erst eine Weile an der Tür gelauscht hatte, bevor er Rotkäppchen und die Großmutter befreite. Darüber war die Großmutter so empört, dass sie gleich selbst den Vorsitz übernahm.

Die Märchenfiguren waren also ziemlich gespalten und verzankt. Der vorsitzende Weihnachtsmann versprach mal der einen, mal der anderen Seite, alles für eine objektive Aufarbeitung der Vergangenheit zu tun. Das Chaos war vollkommen, als sich herausstellte, dass selbst der vorsitzende Weihnachtsmann mal einen Kuchen von Rotkäppchen angenommen hatte. Er behauptete zwar, dass dies nur die Mutter vom Rotkäppchen gewesen sei, aber Rotkäppchen behauptete steif und fest, sie hätte selbst den Kuchen überbracht. So stand Aussage gegen Aussage und die Mutter konnte man nicht fragen, weil sie gerade an einer vom Arbeitsamt geförderten Umschulungsmaßnahme teilnahm.

Zum Eklat kam es, als der König, welcher den vorsitzenden Weihnachtsmann gern einmal abgelöst hätte, sich über Aschenputtels Tauben aufregte. „Wo anders hat man deren Fütterung eingestellt!“ rief er wütend über einen schwarzweißen Fleck auf seinem Hermelinumhang. Das hätte er lieber nicht machen sollen. Natürlich waren insgeheim die meisten seiner Meinung, denn viele störte der Taubendreck, der überall herunterfiel. Aber die Tauben waren schließlich auch Märchenfiguren. Da der König sowieso auf der Abschussliste stand, waren schließlich alle einverstanden, ihn wegen märchenverachtender Äußerungen des Amtes zu entheben.

Fast wäre Weihnachten ohne Märchen vorübergegangen. Aber eine große private Fernsehstation deckte eine Story auf, die sich wunderbar in der Weihnachtszeit vermarkten ließ.

Ein Müller hatte nämlich einem hässlichen kleinen Mann seine Tochter für Filmaufnahmen angeboten. Der Alte, ein gewisser R., hatte dem Müller Gold dafür gegeben. Mit dem Mädchen produzierte er einige Streifen, die dann als Kinderpornos auf dem Schwarzmarkt angeboten wurden. Diese ganze Geschichte deckte der Sender auf, auch das sich der Müller von dem Gold einen Adelstitel kaufte und reich heiratete. Da ging die Geschichte etwas durcheinander, denn von wem hatte der Müller die Tochter vor seiner Ehe gehabt? Dies bemerkte aber keiner, auch weil das heutzutage ja so üblich ist.

Ein amerikanischer Filmkonzern machte aus der Handlung einen Zeichentrickfilm. Allerdings wurde der Täter R. als bemitleidenswerter, kleinwüchsiger Behinderter dargestellt, der Stroh zu Gold spinnen konnte. Zum Schluss wurde er mit dem Tode bestraft, verwandelte sich in einen wunderschönen Königssohn und wanderte aus nach Thailand, wo er ein Kinderheim eröffnete. Oder so ähnlich, das weiß ich nicht mehr.

Jedenfalls war Weihnachten gerettet, der Film lief im Fernsehen, alle kleinen Mädchen wünschten sich eine Puppe, die aussah wie der kleine R. und selbst der strengste Vater guckte mit, denn so ein Thema zieht immer die ganze Familie vor den Fernseher.

Im Märchenwald erkannte man den Trend der Zeit. Die dreizehnte Fee gründete ein Bürgerbüro, wo man alle verpetzen konnte, die zu Dornröschens achtzehnten Geburtstag bei Hofe geladen und erschienen waren. Mancher zahme Hund bereute, dass er nicht auch ein böser Wolf gewesen war, mancher hatte Glück und konnte beweisen, dass er wenigstens ab und zu ärgerlich geknurrt hatte. Dem Jäger allerdings wurde der Waffenschein entzogen, so dass er ein Immobilienbüro gründen musste.

Man kann also gespannt sein und hoffen, auch in Zukunft noch viele spannende und überraschende Geschichten aus dem Märchenland zu erfahren.

Traditionen können ganz schön Stress machen. Wie schreibt man denn ein Weihnachtsmärchen, wenn man so gar keine Idee hat, aber Weihnachten immer näher rückt und die lieben Kollegen natürlich ein neues Märchen erwarten?

Man fängt erst einmal an. Im günstigsten Fall fällt einem dann etwas ein und die Geschichte spinnt sich so fort, auch wenn man am Anfang nicht ahnen kann, wo sie schließlich hinführt. Im ungünstigsten Fall setzt der Gedankenfluss irgendwann aus. Dann hat man entweder einen Anfang, den man irgendwann einmal wieder aufgreifen kann oder es bleibt auf immer ein Fragment.

Ich hoffe, man merkt der nächsten Geschichte nicht allzu sehr an, dass ich am Anfang so gar keine Ahnung hatte, worüber ich eigentlich schreiben soll. Zum Glück trat dann aber der günstigste Fall ein. Am Ende konnte ich sogar einen Titel vergeben, der etwas mit dem folgenden Inhalt zu tun hat.

Ich gebe zu, ein paar Zeilen mehr hätten es werden können. Aber dann fiel mir plötzlich sogar eine Pointe ein. Die sollte unbedingt am Ende stehen, deshalb habe ich danach aufgehört. Mehr gibt es eigentlich zu dem Folgenden nicht zu sagen.

Warum es sich lohnt, Prinzessin zu werden

Ich weiß gar nicht, meine Damen, warum Sie nicht zugeben wollen, dass Ihr früherer Berufswunsch „Prinzessin" war. Ich wollte doch auch Lokführer werden. Was ist denn an „Prinzessin" lächerlich? Es wird modern, adlig zu sein. Daran sollten wir gerade jetzt, zu Weihnachten öfters denken.

Es gibt zwei Möglichkeiten, ein „von" in seinen Namen zu bekommen: Entweder man besitzt die notwendigen materiellen Voraussetzungen, sich in diese abgehobene Schicht einzukaufen, oder man findet einen Partner für den bevorstehenden Lebensabschnitt, der diese Prozedur bereits hinter sich hat. Jedenfalls ist so ein „von" recht schick. Allerdings kann ich mir vorstellen, dass es relativ wenig Eindruck auf den Nebenmann macht, wenn man nach der erfolgreichen Eheschließung mit einem verarmten Landgrafen eine vom Arbeitsamt geförderte Fortbildungsmaßnahme besucht. Aber an der Uferpromenade von Cannes beim Smalltalk mit einem reichen Smokingträger als Frau von Tutu vorgestellt zu werden, Mensch stellt euch das mal vor!

Ich will jetzt auch nicht darüber diskutieren, ob die Schickimicki an der Cote d' Azur im Smoking Strandspaziergänge macht. Darüber sollen die Kollegen berichten, die sich damit auskennen. Mir ging es nur um die grundsätzliche Diskussion, ob ein bisschen Adel beim Fortkommen behilflich sein könne.

Bestimmt, wenn man nicht gerade „von der Grube“ oder „vom Acker“ heißt. Andererseits gab es in der Vergangenheit reichlich Beispiele dafür, dass das Leben als Adliger auch stressig sein kann. Ludwig XVI. hat dabei sogar seinen Kopf verloren, oder Maria Stuart, und die hieß noch nicht mal „von“, man glaubt es kaum.

Unsere Kinder- und Hausmärchen können da lehrreiche Vorbilder sein. Immerhin finden wir hier reichlich Prinzen und Prinzessinnen. Und wenn sie es noch nicht sind, so werden sie es spätestens im Finale der Geschichte, sofern sie dieses erleben. Manch harmlose Kräuterfrau hatte sich Hoffnungen gemacht und landete schließlich doch im Backofen, nachdem ihr ein paar minderjährige Rotzlöffel die Schindeln vom Eigenheim weg gefressen hatten. Grausame Zeiten waren das, nicht wahr? Besser hatte es da Schneewittchen, auch wenn die Geschichte auf den ersten Blick recht grausam erscheint. Aber das die angeblich so böse Stiefmutter die Nase voll hatte, wenn das süße Kind aus erster Ehe mit fast zwanzig immer noch im Haushalt wohnte und nichts zum Lebensunterhalt beitrug, also ich als Vater kann das zwar nicht billigen, aber ein klein wenig verstehen. Und die Aufgaben, die Schneewittchen bewältigen musste, erscheinen mir auch durchaus lösbar: Sich die Haare kämmen, den Gürtel hin und wieder etwas enger schnallen und ab und zu außer Döner und Pommes auch mal einen Apfel essen – das sind doch durchaus akzeptable Erziehungsmaßnahmen! Hätten Sie geahnt, dass davon so ein spätpubertierender Teenager auf die Bretter geht?

Deshalb sollten Sie jetzt nicht vorschnell urteilen. Warum musste sich Schneewittchens Stiefmutter denn verkleiden? Ja sollte sie etwa im feinen Zobel durchs Biosphärenreservat kriechen, nachdem Schneewittchen in den Wald abgehauen war? Und wo war der leibliche Vater, als es ernst wurde? Immerhin spielt er nur ganz am Anfang eine kurze Nebenrolle und stirbt dann einfach im Verlauf der Geschichte.

Und die Legende von dem Jäger, der angeblich von der Stiefmutter gedungen wurde, Schneewittchen umzubringen, ist auch nie einwandfrei juristisch aufgearbeitet worden. Also ich zweifle jedenfalls, dass es so war.

Oder wenn es schon einen sprechenden Spiegel gab, dann ist unwahrscheinlich, dass der Schneewittchen Tausend mal schöner fand als seine Chefin. Denn wenn er sprechen konnte, dann war er sicher auch nicht ganz blöd und verärgerte die Alte, die Knete und Einfluss hatte. Also ich würde meiner Chefin immer bestätigen, dass sie die Schönste im ganzen Land sei, sofern sie Wert darauf legte und es mein Fortkommen sichern würde.

Kennen Sie irgendeine Märchenprinzessin, die am Ende nicht ihren Prinzen gekriegt hätte? Früher oder später hat es doch immer geklappt. Gut, beim König Drosselbart musste sie erst eine Art Überlebenstraining absolvieren. Aber was haben manche knackige junge Hühner alles auf sich genommen, wenn sie sich einem stinkreichen Greis an die Brust warfen. Nur weil sie nicht adlig waren, mussten sie hoffen, dass der Alte bald ins Gras beißt und die Verwandtschaft sie dann ans Vermögen lässt.

Also meine Damen, Sie brauchen gar nicht mitleidig zu lächeln, wenn Ihnen ein kleines Mädchen hoffnungsfroh verkündet, es wolle später mal Prinzessin werden. Diese Mädchen hat den Zug der Zeit erkannt. Und auch Sie müssten heute hier nicht sitzen, wenn Sie sich rechtzeitig gekümmert hätten!

Aber, weil Weihnachten ist, will ich Sie trösten, auch wenn der Zug für Sie inzwischen wahrscheinlich abgefahren ist. Mit ein wenig Glück kann man auch ohne Adelstitel einen attraktiven Mann bekommen. Da können Sie meine Frau fragen.

Die nächste Geschichte spielt in einer Zeit, als die neue Ehefrau von Boris Becker gerade Lilly hieß und die Nachfolgerin von Sandy Meyer-Wölden wurde, die später von Oliver Pocher geschieden wurde, wodurch man sie zeitlich ziemlich gut einordnen kann.

Die Lausitz wurde noch fleißig umgegraben, um an die Braunkohle zu kommen. Das führte dazu, dass manche Leute heftig protestierten, wenn ihr Häuschen weggebaggert wurde und der alte Apfelbaum, den Opa noch gepflanzt hatte, gleich mit. Andere verhielten sich ruhig und bekamen dafür auf Kosten des Kohleunternehmens an anderer Stelle ein schmuckes modernes Häuschen mit allen Schikanen hingestellt.

Natürlich ist es für die meisten tragisch, ihre alte Heimat an die Kohle zu verlieren, weshalb sie auch von vielen, die nicht betroffen waren, unterstützt wurden. Dagegen interessierte es kaum jemanden, wenn die Damen und Herren vom Arbeitsamt Flexibilität von ihren Klienten verlangten, weshalb ebenfalls viele ihre Heimat verlassen mussten, um woanders Arbeit zu finden.

Im Märchen wird der Stadtteil Sachsendorf-Madlow erwähnt. Das ist ein großes Wohngebiet im Süden von Cottbus, welches extra in den 1980er Jahren in Plattenbauweise errichtet wurde, um die vielen Beschäftigten in der Kohle- und Energieindustrie unterzubringen.

Von Industrie ist in und um Cottbus nichts mehr zu sehen, weshalb jetzt dort, wo die Plattenbauten standen und Tausende ihr zu Hause hatten, Rehe und Hasen grasen und auch der Wolf hin und wieder vorbei schaut.

Auch der Zwang, viele Grundstücke, die sich selbst eine eigene Kläranlage gebaut hatten und damit viele Jahre gut und ökologisch einwandfrei lebten, an das öffentliche Abwassernetz anzuschließen, fällt in diese Zeit. Das wollte natürlich keiner der Hausbesitzer, denn die Minikläranlagen hatten sich bewährt und viel Geld gekostet, der Anschluss jedoch jetzt kostete noch mehr. Es waren auch keine Umweltgründe Ursache für die Zwangsanschlüsse.

Nach der sogenannten „Wende“ waren nach Empfehlung sogenannter Berater aus dem Westen in vielen ostdeutschen Gemeinden viel zu groß dimensionierte Kläranlagen gebaut worden. Die mussten ausgelastet werden.

Aber trotzdem ist das Märchen ganz lustig, finde ich.

Hänsel und Gretel

Ist es nicht beschämend, meine Damen und Herren, wie wenig das Antidiskriminierungsgesetz in den immer noch populären Kinder- und Hausmärchen der Gebrüder Grimm eine Beachtung findet? Natürlich könnten sich diejenigen, die sie heute noch erzählen, damit herausreden, dass es vor 300 Jahren das Gesetz noch gar nicht gegeben hätte. Dann müsste man das Märchen aber auch so erzählen, wie man es vor 300 Jahren erzählte. Doch im Gegenteil, in modernen Märchen werden Stiefmütter noch böser, Hexen noch hässlicher und Zwerge noch kleiner dargestellt, als sie ursprünglich waren.

Ich will mich an derartigen bösen Vereinfachungen nicht beteiligen. Deshalb erzähle ich mein Märchen so, wie es wirklich war und vermeide jede Beleidigung von Minderheiten. Worte wie Hexen, Teufel, oder gar böse Stiefmutter werden Sie von mir nicht hören. Denn ich bin mir sicher, Sandy Meyer-Wölden würde Noah Gabriel nie einen vergifteten Apfel schenken oder Anna-Ermarkova-Becker zum Linsen sortieren überreden. Aber das Problem ist ja gar nicht mehr aktuell. Und jetzt geht es los.

Es war einmal eine ältere, körperlich etwas eingeschränkte Dame, die aber ansonsten noch ganz gut beieinander war. Jedenfalls so gut, dass sie allein in ihrem Eigenheim im Wald leben konnte, ohne dass sich der Kleintransporter von „Essen auf Rädern“ täglich über den tiefsandigen Waldweg quälen musste. Selbst dem Bofrostmann war der Weg zu weit, nur die Jungs von „Heim und Haus“ steckten hin und wieder einen Katalog in den Briefkasten. Allerdings hatten selbst sie die Hoffnung verloren, hier einen größeren Umsatz zu machen, denn das Häuschen der Dame widersprach jeden Vorschriften der deutschen Industrienorm. Die Aussicht, hier jemals eine Jalousie oder einen Wintergarten montieren zu dürfen, war gleich Null. Selbst das Baumaterial versetzte jeden ehrlichen deutschen Maurer in Erstaunen. Man könnte es am ehesten mit einer Art Backstein vergleichen, kurz gesagt, es waren alte, hart gewordene Pfefferkuchen. Eigenartiger Weise hielten sie seit vielen Jahren das Häuschen zusammen. Möglicherweise auch deshalb, weil die Geschichte in der Lausitz spielt, wo es kaum regnet, und wenn doch, dann läuft das Wasser immer schnell zwischen den Kiefernwurzeln in das sandige Erdreich, um auf der anderen Seite der Erde im Pazifischen Ozean wieder an die Oberfläche zu treten und einen Tsunami auszulösen. Das störte die alte Dame aber nicht weiter, denn der Pazifische Ozean war weit und der Waldboden trocken.

Eines Tages knisterte es jedoch gefährlich im Gebälk. Der Kater der Dame sprang mit einem erschrockenen Fauchen auf den Küchenschrank und machte einen Buckel. Nanu, wunderte sich die alte Dame, sind die achtzig Jahre schon um?

Sie hatte nämlich damals von der polnischen Bäckerbrigade die Garantie erhalten, dass das Häuschen achtzig Jahre ohne Probleme halten wird. Zwar hatte die polnische Bäckerbrigade nicht achtzig Jahre gehalten, jedenfalls war sie nach kurzer Zeit unauffindbar, aber trotzdem machte sie sich erstmal keine Gedanken, als ein wenig weißes Pulver von der Decke auf den Fußboden rieselte. Das wird Puderzucker sein, meinte die alte Dame, und leckte ihren Finger ab, den sie vorher mit etwas Spucke angefeuchtet und an das Pulver gehalten hatte.

Liebe Kinder, das solltet ihr jetzt nicht nachmachen. Erstens nimmt man nichts in den Mund, was auf dem Boden gelegen hatte. Und zweitens kann weißes Pulver recht gefährlich sein.

„Schmeckt süß", stellte die ältere Dame fest, als es noch einmal krachte. Jetzt war sie doch beunruhigt. Schnell lief sie in den Garten, um zu schauen, ob am Haus alles in Ordnung sei. Da sah sie zwei junge Leute, die sich an der Dachkante zu schaffen machte. Erschrocken blieb sie in der Tür stehen. Sollte sie die Polizei rufen? Doch wer weiß, ob ihr das gelungen wäre, denn früher hatte sie ein Telefon, heute jedoch eine Flatrate mit ISDN, DSL, Performance und Call in High Definition Color oder so ähnlich. Jedenfalls etwas, das schon so klang, als ob es nicht funktionierte, zumindest nicht, wenn eine ältere, körperlich leicht eingeschränkte Dame versuchte, damit zu telefonieren. Wäre es ihr doch gelungen, dann hätte es zweitens dank der Polizeireform viel zu lange gedauert, bis ein Streifenwagen vor Ort gewesen wäre. Falls überhaupt einer einsatzbereit gewesen wäre, denn die wurden gerade alle von grün auf blau umgespritzt.

Also machte die Frau einen mutigen Schritt vor die Tür und rief – nein nicht etwa „Knusper, knusper knäuschen…“ Das hätte die beiden Eindringlinge kaum beeindruckt, wahrscheinlich hätten sie die Frau für etwas senil gehalten. Stattdessen rief sie: „Hey, was macht ihr denn da?“

Nun muss man sich den Anblick vorstellen. Eine ältere, etwas gebückt laufende Dame mit Kittelschürze, Filzpantoffeln, einem Stock in der Hand und einem fauchenden Kater zwischen den Füßen. Das Mädchen erschrak sich fürchterlich und der Junge fing an zu lachen.

Auch die Frau war unsicher. Die beiden sahen nicht gefährlich aus, hatten aber eine Ecke vom Dach abgebrochen. Nur eine kleine zwar, aber es hatte mächtig gekracht im Haus.

„Entschuldigen Sie“, sagte das Mädchen, „mein Freund und ich, wir wollen Architekten werden. Ihr Haus sieht so ungewöhnlich aus. Wir wollten dieses merkwürdige Material nur mal anfassen, aber es ist gleich eine Ecke abgebrochen.“

„So, so“, meinte die Frau, „abgebrochen, einfach so. Und wer bringt mir den Schaden nun wieder in Ordnung? Wie kommt ihr überhaupt hierher?“

Da erzählten die beiden eine Geschichte, die sehr ungewöhnlich klang. Beide waren sie in die Welt hinaus gezogen, um ihr Glück zu machen. „Studium“ nennt man das heute. Bald mussten sie aber feststellen, dass der wahre Goldesel und das Tischlein – deck dich bei Mama und Papa zu Hause stehen. Und ehe die den Knüppel aus dem Sack lassen, wollte man vor Weihnachten bei ihnen vorbei schauen. Dazu war man mit der Bahn gefahren. Merkwürdigerweise hielt der Zug aber statt an der erwarteten Station anscheinend plötzlich irgendwo in der Wildnis. Erschrocken waren sie ausgestiegen. Weil aber der Bahnhof völlig dunkel war und mitten im Wald lag, hatte man sich verlaufen und war auf das eigenartige Häuschen gestoßen.

„Habt ihr denn keinen Fahrplan?“, fragte die Frau, die schon lange nicht mehr mit der Bahn gefahren war und deshalb nicht wusste, dass man sich heute immer vergewissern muss, ob der Zug wirklich zur angegebenen Zeit losfährt und ob er auch wirklich dort ankommt, wo er soll. Ein Fahrplan hilft da gar nichts.

Und der Bahnhof wurde schon ein Jahr lang nicht mehr beleuchtet.

So lange waren die beiden also nicht mehr zu Hause gewesen. „Seid ihr Geschwister?“ fragte die Frau.

„Nein“, antwortete der Junge, „wir sind befreundet.“ Wir wohnen beide am gleichen Ort. Ich heiße übrigens Hänsel und das hier ist Gretel.“ „Arme Kinder“, seufzte die Frau, „dass sich die Eltern heute keine Gedanken mehr machen, wie sehr ihre Nachkommen unter den vermeintlich originellen Namen leiden.“

„Ich werde das reparieren“, meinte der Junge. „Was ist das für ein seltsames Baumaterial?“ „Das sind sozusagen nachwachsende Rohstoffe“, erklärte die Frau. „Alles ganz ökologisch.“

„Dürfen wir ein paar Fotos machen? Das interessiert uns nämlich auch beruflich. Also für unser Studium, meine ich“

„Fotos könnt ihr machen, so viel ihr wollt, aber macht bloß nichts mehr kaputt!“ rief die Frau. Und bei sich dachte sie: Arme junge Leute. Da wollen sie später mal durch Häuser konstruieren Geld verdienen. Dabei hat die Bundesregierung erst die Eigenheimzulage abgeschafft und dann die Entfernungspauschale gekürzt. Wer baut denn in solchen

Zeiten noch ein Häuschen zum Wohnen im Grünen? Und statt eines Konjunkturpaketes wird die Pendlerpauschale zwangsweise wieder eingeführt. Wahrscheinlich, um sie bald wieder zu kürzen. Wer heute Architektur studiert, der kann doch gleich ein Konto mir Negativzinsen eröffnen. Und so taten ihr die beiden fast schon wieder leid. Sie bat sie in die Diele und bot eine Tasse Tee an.

„Ist es nicht manchmal unheimlich, so allein hier im Wald?“ fragte das Mädchen. Aber die Frau schüttelte den Kopf. „Wer soll mir alten Frau schon etwas tun? Ich habe nun mal das Häuschen hier. Etwas Neues kann ich mir nicht leisten. Jahrelang hatte ich gehofft, dass so ein Bagger von der Leag vorbei kommt und man mir ein neues Haus baut, wo ich unter Menschen komme. Aber hier unten drunter gibt es nur Sand, nicht mal Kupfer in Tausend Meter Tiefe.“

Hänsel wollte die abgebrochene Ecke reparieren, aber er wusste nicht wie. Doch die Frau winkte ab. „Es ist ja nur eine kleine Ecke. Am Wochenende will ich sowieso Plätzchen backen, da backe ich sie mir gleich mit.“ Als die beiden erfuhren, dass das Baumaterial Pfefferkuchen war, da gab es kein Halten mehr. Begeistert schwärmten sie, wie einfach es sein könnte, zukünftig zu bauen, wenn sich das durchsetzt. Und Hänsel ließ die abgebrochene Dachecke heimlich in seinen Rucksack gleiten.

Mehr ist eigentlich nicht passiert. Die Frau zeigte den beiden den Weg zum Bahnhof, wo sie mit dem Schienenersatzverkehr nach Hause fuhren. Damit ist das eine Märchen unspektakulär zu Ende gegangen und wird wohl bald vergessen sein.

Wollt ihr noch eins lesen?

Nach einigen Wochen bekam die ältere Dame wieder Besuch. Der hatte aber nichts mit Hänsel und Gretel zu tun. Vielmehr waren es Mitarbeiter eines Tiefbauunternehmens, Vertreter des Landratsamtes und der Polizei. Das merkwürdige Häuschen sollte zwangsweise an die öffentliche Kanalisation angeschlossen werden. Man hatte nämlich festgestellt, dass durch die Biokläranlage auf dem Grundstück bei starkem Regen Nitrate in den Pazifischen Ozean gelangen könnten. Und die sind bei einem Tsunami sehr gesundheitsschädlich. Erst vor wenigen Jahren war es zu so einem Tsunami in Südostasien gekommen. Einige wohlhabende Leute hatten sich damals spontan zu einem Fünf-Gänge-Menü-Solidaritäts-Essen in einem Nobelrestaurant der Hauptstadt getroffen, jeder musste fast Zweihundert Euro bezahlen und zwei Euro davon wurden für die Hinterbliebenen der Flutkatastrophe gespendet. Doch die meisten von denen waren inzwischen Opfer der Bankenkrise oder saßen wegen der Geschwätzigkeit eines Liechtensteiner kaufmännischen Angestellten in Untersuchungshaft.

Außerdem wollte man hier in Brandenburg, wo es solche Nobelrestaurants gar nicht gab, auch etwas für einen guten Zweck tun. Deshalb der Zwangsanschluss für die Umwelt.

Die Frau wollte nicht angeschlossen werden und protestierte heftig. Doch es nützte ihr nichts. Ein großer Bagger rollte an und fing an zu graben. Plötzlich bekam das Häuschen Risse. Es knisterte und knackte fürchterlich und weißer Puderzucker staubte. Nachdem das Dekonterminierungskommando alles Pulver entfernt hatte, fiel das Häuschen von allein in sich zusammen.

Da war natürlich das Geschrei groß. Man wollte nicht, dass die Presse davon Wind bekam. Deshalb stellte man der Dame und ihrem Kater ein schmuckes Fertigteilhaus in eine kleine Siedlung. Dort wurde sie sogar von Essen auf Rädern erreicht und einmal die Woche kam der Bofrostmann zu einem kleinen Gespräch vorbei. Das hatte sich die Frau eigentlich immer gewünscht, so dass sie sogar freundlich mit den Drückern von „Heim und Haus“ umging.

Hänsel und Gretel jedoch waren tief enttäuscht. Als sie etwas später beim Pfefferkuchenhaus vorbei schauen wollten, war nichts mehr davon zu sehen. Eigentlich wollten sie ihre Masterarbeit über den tollen Baustoff schreiben. Aber das konnten sie nun wohl vergessen.

„Komisch“, meinte Gretel, die von den wahren Gründen und den weltpolitischen Zusammenhängen nichts ahnte, „das der Städterückbau jetzt sogar hier, mitten im Wald stattfindet. Eben war da noch ein Haus und plötzlich nur noch grüne Wiese. Man kommt sich vor wie in Sachsendorf-Madlow.“

Das ist natürlich dumm ausgegangen für Hänsel und Gretel. Aber vielleicht hatten sie auch Glück, denn wer hätte denn ernsthaft geglaubt, dass man aus Pfefferkuchen Häuser bauen kann? So hatten sie sich erspart, ausgelacht und von der Bildzeitung verspottet zu werden. Und wie gesagt, wer braucht denn heute noch Architekten? Vielleicht kann Hänsel ein bisschen Ziehharmonika spielen. Dann kann er sich beim Supertalent von RTL bewerben. Und Gretel sollte versuchen, ein paar mal mit einem berühmten Sportler fotografiert zu werden. Wenn sie sich dann noch den Künstlernamen Lilly zulegt, wird sie bald eine wichtige Rolle in der so genannten Gesellschaft spielen.

Und Sie bzw. ihr? Versucht es doch auch einmal, oder glaubt ihr nicht an Märchen?

Das folgende Märchen ist kein Märchen. Die Geschichte ist auch nicht lustig, sondern tief traurig. Wer also gerade nicht in Stimmung für etwas Traurigkeit ist, sollte sie vielleicht überblättern und später einmal lesen. Aber lesen sollte man sie, denn sie ist wahr.

Nun gut, nicht in jedem Detail, weder der Anfangsort noch der Name des Haupthelden stimmen. Aber die Handlung habe ich so in einer Dokumentation im Fernsehen gesehen. Sie hat mich tief erschüttert und mir die Tränen in die Augen getrieben. Ich musste mich einfach hinsetzen und eine Geschichte daraus machen.

Ich gebe zu, die Geschichte ist vielleicht sogar etwas emotionaler geworden, als die Dokumentation im Fernsehen. Dort sah man zwar die Bilder und musste sie sich nicht vorstellen. Aber ich konnte nicht anders, ich musste mich in den Haupthelden hinein versetzen.

Das könnte mir den Vorwurf einbringen, ich vermenschliche ein Tier. Aber ich glaube, dass auch ein Tier genau so fühlt, wie ich es beschrieben habe.

In diese Sammlung von Weihnachtsmärchen gehört die Geschichte trotzdem. Auch wenn sie überhaupt nicht lustig ist. Bei Dornröschen waren es 12 gute Feen und eine böse, bei mir sind es 12 lustige Geschichten und eine traurige. Denn auch an Weihnachten sind nicht immer alle Menschen fröhlich. Und wenn wir uns ein wenig besinnen, dann vielleicht auch auf das, was wir anderen antun. Und wenn es nur ein Tier ist.

Reise nach Afrika

Könnt ihr euch noch an den Bullen Carlos erinnern, der letzten Sommer bei uns am Dorf auf der Wiese stand? Bestimmt könnt ihr, denn Carlos war eine auffallende Erscheinung. Sein schwarzes, glänzendes Fell und sein feuriges Temperament verschafften ihm Respekt. Ja, Carlos war jemand. Ein kräftiger, gesunder Jungbulle, herumtollend und tobend wie ein kleiner Junge, aber doch stolz und charaktervoll wie ein andalusischer Stier.

Carlos wartete nur darauf, endlich zu den Kühen zu dürfen. Da würde er den Mädels schon zeigen, wo es lang geht, na aber! Bis dahin neckte er sich eben mit seinen Brüdern, von denen ihm aber keiner das Wasser reichen konnte, bestimmt nicht. Carlos genoss das Leben auf der Wiese im Brandenburgischen, das Gras war saftig, die Luft war lau. Herz, was willst du mehr?

Eines Tages kam ein kleines Auto hinaus zu den Jungbullen. Carlos kannte das Auto und wusste, es war nicht schlimm, was da stank und knatterte. Und gleich würde eine Tür aufgehen und der Bauer hinaussteigen. Der Bauer kam öfters mal, guckte ein bisschen, ließ frisches Wasser in die Tränke und schlug auch manchmal dem Jungbullen Carlos freundschaftlich auf die Hinterbacke, denn er fand auch, dass Carlos ein ganz prächtiges Tier war.

Diesmal aber kam der Bauer nicht allein. Hinter dem kleinen Auto fuhr ein großes Auto mit einem Anhänger. Das große Auto hielt und mehrere fremde Männer sprangen heraus. Sie öffneten eine große Klappe am hinteren Teil des Fahrzeuges, so dass von der Weide in den Wagen ein schmaler Weg führte.

Plötzlich trieben die Männer mit lautem Rufen die Bullen zusammen. Es gab ein mächtiges Schieben und Schubsen. Ob Carlos wollte oder nicht, er fand sich plötzlich auf der schmalen Rampe wieder. Natürlich wollte er überhaupt nicht in das Innere des Fahrzeugs, was sollte er da? Aber als er kurz zögerte und sich umblickte, um seinen Bauern zu suchen, verspürte er plötzlich einen heftigen Schlag an seinem Hinterteil. Was war das denn? Dies war überhaupt nicht liebevoll, wie wenn der Bauer ihm einen Klaps gab. Vor Schreck stolperte Carlos ein paar Schritte nach vorn.

Im Fahrzeug herrschte schon ein ziemliches Gedränge. Carlos musste erst einmal ein paar der schwächeren Bullen zur Seite schubsen, um sich einen Platz an den Gitterstäben zu erobern. Hier hatte er wenigstens einen Blick nach draußen. Von hinten drängten immer mehr Bullen in den engen Innenraum. Der blanke Wahnsinn, man konnte kaum treten.

Der Bauer und einer der fremden Männer tauschten ein Blatt Papier aus, dann setzte sich das Auto schaukelnd in Bewegung. Carlos umfing ein merkwürdiges Gefühl, das er bis zum Ende dieser Reise nicht mehr verlieren sollte. Irgendwie spürte er, dass es jetzt nicht zu den Kühen gehen sollte oder auf eine neue, saftiggrüne Weide. Es war etwas um ihn, das ihm Angst machte, etwas, das er auch trotz seiner Stärke und Kühnheit fürchten musste. Was es war, das entzog sich seiner Vorstellung.

Zunächst versuchte sich Carlos abzulenken. Von seinem Fensterplatz aus sah er Dinge, die er noch nie in seinem Leben gesehen hatte. Alles raste schnell an ihm vorbei. Aber jedes Mal, wenn sich der glatte Boden unter dem Bullen bewegte oder das Fahrzeug nach vorn oder hinten ruckte, erschrak er sich fürchterlich.

Es schaukelte und ruckte immer und immer wieder. Hatte Carlos anfangs noch ärgerlich zurück gestoßen, wenn ihn seine Gefährten rempelten, so ließ er sich mit der Zeit fast willenlos hin und her schieben. Etwas anderes ergriff von ihm Gewalt, der Durst. Erst war da nur so ein kleines trockenes Gefühl im Hals, doch es wurde immer stärker. Carlos hatte genug vom Fahren. Laut brüllte er seinen Durst in den Fahrtwind. Die anderen Bullen schlossen sich ihm an, sicher litten sie genauso.

Plötzlich hielt das Fahrzeug. Nun brüllte Carlos noch viel lauter, damit ihn sein Bauer auch hören konnte. Endlich hier raus lassen sollte er ihn und an seine Tränke, das war doch kein Spaß mehr. Die Bullen trampelten auf den Boden.

Ein Klang, als wollte sein Kopf zerspringen, ließ Carlos zusammenfahren. Ein Mann lief um den Wagen, schlug mit einer Eisenstange auf die Gitterstäbe und schrie die Tiere an. Vor dem Geräusch verstummten sie. Doch die Hoffnung, die Fahrt könnte zu Ende sein, erfüllte sich nicht. Die Zeit schien endlos, die Nacht kam, aber das Auto fuhr und fuhr. Carlos hatte es aufgegeben, nach Wasser zu schreien. Ein wenig Linderung konnte er sich verschaffen, wenn er an den nachtkühlen Gitterstäben lutschte. Kaum spürte er noch, wie die Glieder schmerzten, die nur noch die Bewegungen ausführten, welche durch den schaukelnden Boden erzwungen wurden.

Kaum zu glauben, dass sich das Gefängnis für Carlos und seine Brüder endlich doch öffnete. Alle drängten ins Freie, nur heraus hier, endlich wieder trinken dürfen. Überall musste es besser sein, als auf dieser Pritsche.

Vor Carlos kam einer der Bullen zu Fall. Die anderen stiegen über ihn hinweg, auch Carlos. Er trampelte einfach über das am Boden liegende, verzweifelt schreiende Tier, er wollte es gar nicht, aber die anderen drängten und drängten, und da war diese Angst und die Hoffnung auf Freiheit.

Die Bullen wurden in eine große Halle getrieben. Hier waren Boxen vorgesehen für jedes Tier, hier gab es endlich auch Wasser. Carlos ließ sich ohne Widerstand am Hals fesseln, wenn er nur trinken konnte, alles andere war egal. Erst später bemerkte er, dass er sich kaum bewegen konnte, weil eine Kette ihn hielt. Er ließ sich auf den Boden fallen und wollte einfach nur ausruhen von diesem schrecklichsten Tag seines Lebens.

Lange hielt die Ruhe nicht. Es kamen Männer mit langen Stöcken, machten die Bullen los und trieben sie in ein großes Schiff. Dabei benutzten sie die Stöcke, die furchtbar brannten, wenn sie die Haut berührten. In seiner wahnsinnigen Angst bemerkte Carlos nicht, dass es einige seiner Gefährten kaum schafften, sich vorwärts zu bewegen, dass sie gezerrt, getreten und geschlagen wurden. Es war ein ohrenbetäubender Lärm, und man wollte davonlaufen. Es ging nur geradeaus, links und rechts verhinderten Absperrungen ein Ausbrechen und von hinten drängten die Brüder in Panik.

Im dunklen Bauch des Schiffes verbrachten die Tiere viele endlose Tage. Es war ziemlich dunkel, Hitze und Kälte wechselten in unerträglichem Maße. Ab und zu bekamen sie Wasser und Futter. Aber keiner machte sich die Arbeit, das zu beseitigen, was davon übrig blieb, nachdem die Tiere gefressen hatten. Es stank unerträglich und der Boden wurde glatt.

Carlos hoffte nicht mehr, dass es jemals anders werden würde, dass er vielleicht noch einmal die Sonne sehen könnte, herumtollen und Gras fressen, das auf einer Wiese wuchs. Er hätte nicht bestimmen können, ob es Tag oder Nacht war. Nur der animalische Trieb Hunger brachte ihn dazu, von Zeit zu Zeit etwas zu fressen und so die Eintönigkeit zu durchbrechen. Er spürte, wie ihn seine Kraft verließ, eigentlich wollte er nur noch schlafen, aber auf diesem ekligen, verkoteten Boden konnte man nicht schlafen, so dass er stehen blieb, solange ihn die Beine trugen.

Zu dieser Zeit begann das Schiff stark zu schlingern. Die Tiere wussten nicht, dass ein Sturm das Mittelmeer aufwühlte, sie waren den Gewalten nur ausgeliefert. Carlos war zu schwach, um dem bebenden Boden Widerstand zu leisten. Er rutschte aus und kam zu Fall. Ein höllischer Schmerz stieß in seine rechten hinteren Unterschenkel. Beim Versuch wieder aufzustehen knickte er erneut ein. Seine Beine wollten ihn nicht mehr tragen. Andere Bullen traten ihn, als er am Boden lag, doch der Schmerz in seinem Bein verhinderte jedes andere Gefühl des Leidens.

Niemand der Menschen kümmerte sich um Carlos, niemand reichte ihm das Wasser oder hielt ihm etwas zu fressen unter das Maul. So kroch er schließlich doch selbst durch den Schlamm am Boden, um eine der Tränkestellen zu erreichen.

Es war ein heißer Tag, als der Frachter mit den Tieren an Bord in Libanon vor Anker ging. Lastwagen standen bereit, denn nun drängte die Zeit. Viele Tiere waren geschwächt und mussten deshalb schnell ins Schlachthaus gebracht werden. Man brauchte besonders viele Elektroschläge und Tritte, um sie von Bord zu treiben. Carlos versuchte zu laufen, doch sein gebrochenes Bein versagte den Dienst. Die Schläge der Treiber schafften es jedoch, einen Funken Lebenswillen in ihn hinein zu prügeln. Nur weg hier, lasst es endlich vorbei sein, rief es in ihm. Er richtete sich auf. Trotz des struppigen und strähnigen Fells, in dem der Kot hing und trotz der müden apathischen Augen hätte man erkennen können, was für ein stolzes Tier Carlos einst gewesen war. Er hinkte die Schritte bis zum Fahrzeug angefeuert und getrieben von den Rufen und Schlägen der Männer. Auf der Ladefläche brach er zusammen, so dass er seinen letzten Gang nicht mehr selbst antreten konnte.

Mit einer Seilwinde mussten sie ihn vom LKW ziehen. Die Männer waren froh, dass seine Augen noch zuckten. Auch wenn dies fast die einzige Bewegung war, zu der er noch fähig war, er lebte noch. Und deshalb war er auch noch zu gebrauchen, nachdem ihm endlich der erlösende Schlag an die Schläfe getroffen hatte.

Ein kleines Mädchen in einem Flüchtlingslager an der Grenze zum Tschad fand in seiner kargen Suppe ein Stückchen Fleisch. Wann hatte es dies zum letzten Mal gegeben? Zwei katholische Krankenschwestern waren ins Lager gekommen und hatten es tief gefroren mitgebracht. Das Mädchen holte das Stückchen vorsichtig aus der Schale und kostete. Wunderbar schmeckte ihm das Rindfleisch und es wusste auf einmal: Heute ist Weihnachten.

Die folgende Geschichte wird sich jedem erschließen, der die sogenannte „Wende“ im Osten miterlebt hat und beobachten musste, wie immer mehr Werte hier in die Hände sogenannter „Wessis“ fielen. Das betraf Unternehmen, Immoblilien, Grund und Boden und vieles mehr. Fast alle die, die hier noch arbeiten durften, hatten einen Chef aus dem Westen der bestimmte, wo es lang zu gehen hatte. Und oft klappte das sogar ganz gut, denn die neuen Weststandards gefielen den Leuten. Bis weit in die 1990er Jahre hinein gab es Fördermittel vom Staat, um den Aufbau Ost voranzubringen und das machte es lukrativ im Osten zu investieren.

Allerdings ging das nicht immer gut. Mancher, vom Goldgräberfieber in den Osten getrieben, verzockte sich. Manche hatten es auch nur darauf abgesehen, hier das schnelle Geld zu machen. Was danach aus den Unternehmen und den Menschen hier wurde, war ihnen egal.

Natürlich waren und sind nicht alle so. Viele kamen aus den alten Bundesländern hierher und fanden eine neue Heimat, für die sie sich engagieren. Aber viele gingen auch, um Arbeit zu finden und die Existenz ihrer Familie zu sichern, vom Osten in den Westen.

Als ich das Märchen vom Fischer un sin Fru damals auf einer betrieblichen Weihnachtsfeier vorlas, da war unser Unternehmen gerade in schwierigem Fahrwasser. Wir wurden immer weniger und das Geld immer knapper. Jeder machte sich Sorgen um die Zukunft. Und richtig laut gelacht hat beim Zuhören eigentlich niemand.

Vom Fischer un sin Fru

Ja, ja, die Weihnachtszeit ist wieder da. Und ihr wollt wieder ein Märchen hören, wie? Eins, bei dem ihr vor Lachen quieken könnt und euch auf die Schenkel haut? Wisst ihr eigentlich, was ihr da Jahr für Jahr von mir verlangt? Das Leben ist nämlich nicht so, liebe Freunde und Genossen, da muss man schon ganz schön suchen, ehe man etwas findet, bei dem man quieken kann. Klar könnte ich mir irgendein Märchen ausdenken, irgend so einen lebensfremden Blödsinn. Aber das machen andere schon zur Genüge. Wie in der Geschichte, wo sieben notdebile Männer in einer WG im Wald wohnen, gemeinsam eine allein stehende Königin fertig machen, aber dann beim Anblick von deren Tochter einen steifen Zipfel kriegen. Da rennen die Leute sogar ins Kino, denn „Sex sales“, aber so etwas wollt ihr doch nicht hören, oder?

Ich erzähle euch lieber ein Märchen, das lebensnaher ist, aber trotzdem so unwahrscheinlich, dass es eben nur ein Märchen sein kann.

Es war nämlich mal ein Fischer, der lebte mit seiner Frau am Westsee. Sie lebten ganz gut, denn am Westsee war alles ein wenig bunter, schöner und reicher, als am benachbarten Ostsee. Außerdem trennten Ostsee und Westsee eine hohe Mauer. Die Leute vom Westsee durften sich zwar den Ostsee anschauen, aber fischen durften sie hier nicht. Deshalb ging der Mann zum Fischen wie alle anderen

Männer auch an den Westsee und die Frau verkaufte die gefangenen Fische auf dem Markt. Weil aber alle vom Westsee fischten, gab es nicht mehr so viele Fische und das Geld war knapp.

Eines Tages brachte der Postbote den beiden einen geheimnisvollen Brief. Der Brief war dicker als normale Briefe, der Umschlag glänzte und auf dem Umschlag waren zwei blaue Stempel aufgedruckt: „Persönliche Zustellung“ stand auf dem einen und „Nur vom Empfänger persönlich zu öffnen“ auf dem anderen. Die Adresse lautete übrigens: „An alle Haushalte mit der Tagespost“. „Ja, ja, das sind wir“, rief der Mann und reichte seiner Frau eine Schere. Wenn sie auch nur in einer kleinen Fischerhütte wohnten, so galten sie doch als Haushalt und noch nicht als „Bedarfsgemeinschaft“, da sollte erst später einer darauf kommen. Vorsichtig schnitt sie das Kuvert auf und holte mehrere Zettel heraus. Eines davon war eine Weihnachtskarte, die ein blindes Waisenkind ohne Arme mit den Füßen gemalt haben soll, oder umgekehrt. Die kannten sie schon, weil die ihnen ihr Versicherungsvertreter im letzten Jahr zum Trost für die unvermeidbare Tarifangleichung geschickt hatte. Es waren dann noch Teilnehmerunterlagen für ein Gewinnspiel dabei, bei denen man einen transportablen Tischwecker gewinnen konnte, wenn man von 25 angebotenen Zeitschriften drei für ein Vierteljahr abbonieren würde. Am interessantesten war jedoch ein Brief, mit der Überschrift „Nie wieder Geldsorgen“. Man sollte eine Telefonnummer anrufen und bekam in Aussicht gestellt zu erfahren, wie man so viel Geld verdienen könne, dass es nie wieder fehlen würde. Dann stand da auch noch was ganz klein Gedrucktes. Das war aber so klein, dass es beide ohne Brille nicht lesen konnten. Sie wollten es auch gar nicht, denn der Mann hatte schon die Nummer gewählt.

Eine smarte Männerstimme redete am anderen Ende der Leitung: „Hallo und vielen Dank, dass Sie die Infoline von Moneybag gewählt haben.“

„Guten Tag“, meldete sich der Fischer, aber die Stimme fiel ihm ins Wort: „Wenn Sie mehr über diesen Service erfahren wollen, wählen Sie bitte die Eins. Andernfalls...“

„Hallo“, rief der Fischer, „ich rufe an wegen dem Brief“.

Stille auf der anderen Seite.

„Es muss heißen wegen des Briefes“, berichtigte ihn die Frau und wunderte sich, dass ihr Mann gar nichts mehr sagte.

„Was meint er?“, fragte sie.

„Ich soll die Eins wählen.“

„Na dann mach doch“, drängte die Frau und drückte selbst die Telefontaste.

Jetzt meldete sich wieder die Telefonstimme.

„Moneybag ist ein Service für alle im Businessbereich, die einerseits Ihre Akquise mit dem Transponding von Highdefintion-Interests fusionieren, anderseits beim Outsourcing auf das Equipment von Partnern mit Toplevel beim Marktplacement setzen wollen...“

Der Mann ließ den Hörer sinken. „Und?“, fragte die Frau. „Da quatscht einer dummes Zeug auf ausländisch“, antwortete der Fischer unsicher.

„Gib mal her!“ Mit diesen Worten riss sie ihm das Telefon aus der Hand. „Die Eins war falsch“, sagte sie und wählt erneut. Mehrmals musste sie immer wieder eine Taste drücken bis sie endlich den entscheidenden Satz zu hören bekam:

„Wenn Sie nie wieder Geldsorgen haben wollen, dann dürfen Sie nicht selbst arbeiten. Sie müssen andere für sich arbeiten lassen.“

Enttäuscht legte die Frau auf. Aber der Satz sollte sie in nächster Zeit nicht in Ruhe lassen. Und als es eines Tages plötzlich hieß, die Leute vom Westsee dürften jetzt auch am Ostsee fischen gehen, denn dort war in den letzten vierzig Jahren wenig gefischt worden, da sah die Frau ihre Chance und das Märchen fängt eigentlich hier erst an.

Der Fischer ging also zum Ostsee und fischte. Und weil hier lange niemand mehr so richtig gefischt hatte, fing er auch bald ein Fischlein. Das Fischlein aber bat: „Bitte töte mich nicht. Ich bin doch nur ein armes Fischlein vom Ostsee. Wenn du mir das Leben schenkst, werde ich alles für dich tun."

Erst dachte der Mann, was so ein Fischlein wohl für ihn tun könne. Aber dann fiel ihm der Rat vom Telefon ein, und er fragte, was das Fischlein sich denn so vorstelle.

„Ich könnte immer wenn Besucher vom Westsee kommen an der Oberfläche schwimmen, damit sie sehen, was es hier für prächtige Fische gibt. Und du könntest Geld dafür nehmen."

Keine schlechte Idee dachte der Mann, lief nach Hause und berichtete seiner Frau.

„Was bist du doch für ein Trottel!", schimpfte die. „Du hättest das Fischlein fangen und in ein Glas setzen sollen. Dann hätten wir es den Leuten für Geld zeigen können. Jetzt ist es weg und wird sich über dich totlachen."

„Das Fischlein hat mir versprochen, dass es kommt wenn ich es rufe", entgegnete der Mann.

„Hier hast du ein Glas.“ Mit diesem Worten holte die Frau ein ziemlich großes rundes Glas hinter dem Küchenregal hervor. „Versuche dein Glück. Die vom Ostsee sind ja noch ein bisschen naiv und wissen nicht, wie man Geschäfte macht. Vielleicht kommt es wirklich. Dann setzt du dich mit dem Glas ans Seeufer und kassierst von jedem, der in das Glas schaut.“

Der Fischer nahm das Glas und zog los. Am Ufer des Ostsees angekommen stellte er es ab und rief mit lauter Stimme: „Mantje, mantje, timpe tee, Buttje, Buttje in der See! Meine Frau de Isebill will nit dat, wat ick wohl will!“

Der Mann musste nur einmal rufen, schon kam das Fischlein an die Oberfläche und fragte: „Was will sie denn, deine Frau?“

„Sie will, dass du hier in diesem Glas schwimmst, damit dich die Leute besser sehen können.“

„Versprochen ist versprochen, aber zum Feierabend kann ich wieder in den See“, sagte das Fischlein und hopste in das Glas, dass der Fischer inzwischen mit Wasser gefüllt hatte.

Tatsächlich kamen Leute und bezahlten dafür, dass sie das Fischlein ansehen durften. Der Fischer hatte bald mehr zusammen, als seine Frau an einem

Markttag. Kurz nach drei machte er Feierabend und ließ das Fischlein in den See zurück. Zum Dank gab er ihm sogar ein paar Brotkrumen.

Natürlich schickte ihn seine Frau am nächsten Tag wieder zum See. Und weil der Fischer wirklich immer wieder Brotkrumen mitbrachte, kam das Fischlein sogar gern. Ab und zu gab es sogar mehr als Brotkrumen, nämlich Kuchenkrümel.

Der Fischer und seine Frau kamen so zu einem gewissen Wohlstand. So kauften sie sich mit einem Kredit der Saharagelb Bausparkasse eine Doppelhaushälfte, zogen aus der Fischerkate aus, aber die Frau überlegte, ob das mit dem reich werden nicht noch schneller ging. Sie hatte ja noch die Telefonnummer von Moneybag. Zuerst meldete sich wieder die smarte Stimme. Aber als sie die Eins eingeben sollte, da versuchte sie mal was ganz neues und wählte die Drei. Plötzlich war keine Automatenstimme mehr am anderen Ende, sondern jemand richtig lebendiges meldete sich: „Sie haben eine persönliche Beratung gewünscht? Mein Name ist Rufus Specht, was kann ich für sie tun?“

Die Frau erzählte, wie sie das Fischlein im Glas für sich arbeiten ließ. Sie wollte einen Rat, wie das Geschäft mehr abwerfen könne.

„Kaufen Sie ein Aquarium, setzen sie mehr Fische

hinein und erhöhen Sie die Schaugebühr", riet Rufus Specht.

Gesagt getan. Der Fischer trabte mit dem Aquarium unterm Arm zum Ostsee, füllte es mit Wasser und rief:

„Mantje, mantje, timpe tee, Buttje, Buttje in der See!
Meine Frau de Isebill will nit dat, wat ick wohl will!"

„Was will denn deine Frau?", fragte das Fischlein. „Du sollst ein paar mehr Fische mitbringen, damit wir expandieren können", sagte der Fischer. Dem Fischlein gefiel das. Es war ja langweilig so allein. Außerdem gab es Brotkrumen und hin und wieder Kuchenkrümel. Es fiel ihm nicht schwer, ein paar Bekannte zu überzeugen und bald schwammen immer mehr Fische im Aquarium und die Leute kamen, schauten und zahlten.

Eines Tages lag die Telefonrechnung im Edelstahlbriefkasten vor der Doppelhaushälfte. Sie war ziemlich hoch, höher als erwartet. Zwar hatte man nun etwas Geld, aber das wollte die Frau doch für sich behalten. In ihrer Ratlosigkeit rief sie bei Moneybag an. Und Rufus Specht wusste Rat. „Ihr müsst die Kosten senken. Lasst einfach den Kuchen weg", empfahl er.

Und so taten sie es. Die Fischlein im Aquarium

waren erst einmal traurig. Aber immerhin wurden sie noch mit Brotkrumen gefüttert und da ging es ihnen viel besser als vielen anderen Fischlein im großen Ostsee, die sich selbst kümmern mussten.

Doch nach der nächsten Telefonrechnung wurde das Geld beim Fischer und seiner Frau schon wieder knapp, jedenfalls empfand die Frau das so. Rufus Specht musste wieder helfen.

„Warum lasst ihr so viele Fischlein in eurem Aquarium schwimmen?“, fragte er. „Setzt ein paar in den See zurück, dann spart ihr Brot und habt trotzdem noch ein Aquarium.“ Das war sein Rat. Und tatsächlich funktionierte es. Kaum einer der Besucher merkte, dass im Aquarium ein paar Fischlein fehlten. Die anderen schwammen umso lebhafter umher, froh, dass sie noch von den Brotkrumen bekamen.

Der Fischer und seine Frau gelangten tatsächlich zu Wohlstand. So wurden sie noch kreditwürdiger und konnten bald ihre Doppelhaushälfte gegen ein Schloss in Cannes tauschen. So richtig ihrs war es natürlich nicht, denn in der Eingangshalle hing der Kalender der Saharagelb-Bausparkasse, doch immerhin, die Türklingel und die Quasten an den Vorhängen im Schlafzimmer gehörten wirklich schon ihnen. Und wenn die Fischlein im Aquarium weiter so fleißig schwimmen würden…

Aber sie schwammen nicht. Das heißt, sie schwammen schon, aber irgendwie florierte das Geschäft nicht mehr so. Es gab inzwischen zu viele Aquarien am Ostsee, und bei einigen waren die Eintrittspreise sogar billiger. Aber Rufus Specht wusste natürlich wie immer Rat am Telefon. Und so mussten die Fischlein bald nicht mehr nur durchs Wasser schwimmen, sondern auch vielerlei Kunststückchen vollführen. Mal kurz aus dem Wasser springen, auf dem Rücken schwimmen oder vor einem Spiegel posieren, so dass es aussah, als wären zwei Fischlein da, in Wirklichkeit war es aber nur eins. Platz hatten die Fischlein genug, denn sie wurden mit der Zeit immer weniger.

Natürlich gefiel das den Fischlein überhaupt nicht, und untereinander trauten sie sich auch darüber zu diskutieren. Aber laut zu protestieren, vielleicht auch noch dem Fischer gegenüber, das war ihnen verboten, denn Fischlein sind stumm, und darauf hatten der Fischer und seine Frau natürlich spekuliert. Es ging eine ganze Weile gut, aber irgendwann waren die Fischlein so erschöpft, dass sie selbst wegen der Brotkrumen nicht mehr fröhlich durchs Wasser schwammen. Und traurige Fischlein wollte kein Besucher sehen.

So kam es wie es kommen musste. Die Telefonkosten stiegen ins Unermessliche, denn immer häufiger musste Rufus Specht befragt werden. Aber irgendwann wusste auch er keinen Rat mehr. Die Frau übergab das Schloss in Cannes besenrein einem Mitarbeiter der Saharagelb-Bausparkasse und der Fischer schüttete alle Fischlein zurück in den Ostsee. Für das Aquarium wollte nicht einmal bei ebay jemand etwas bieten, denn damit konnte man kein Geld mehr verdienen. Es gelang ihm wenigstens, die alte Fischerkate wieder zu beziehen, aber zum Fischen musste er am Westsee bleiben, weil die Regierung inzwischen die Pendlerpauschale abgeschafft hatte. Und damit war alles fast so wie am Anfang und das Märchen ist zu Ende.

Wenn ich mir alles noch einmal durchdenke, dann kommt es mir gar nicht wie ein Märchen vor. Vielmehr ist mir so, als wäre ich dabei gewesen. Obwohl ich mir nicht vorstellen kann, dass man von einem Schloss in Cannes zurück in eine Fischerhütte zieht. Denn der Teufel scheißt immer auf den größten Haufen und mit einer Million Schulden ist man de facto genauso kreditwürdig wie mit einer Million auf dem Konto. Und deshalb war es wohl doch ein Märchen. Und das müsst ihr mir schon anerkennen, auch wenn ihr nicht gequietscht habt.

„Warum schreibst du eigentlich immer „Merzhase“ und nicht „Märzhase“?“, fragte mich jemand beim Korrekturlesen.

„Ganz einfach“, antwortete ich, „weil das bisschen politische Satire sein soll. Das Kaninchen bekam auch laufend neue Namen. Mal hieß es Eichel, dann nannte ich es Schäuble. Jetzt müsste es Scholz heißen. Aber bei jedem Vorlesen neue Namen erfinden, das war mir zu anstrengend. Und wenn einer das Buch kauft und er liest es vielleicht in fünf Jahren noch einmal, dann müsste das Kaninchen wieder anders heißen. Deshalb heißt es hier Mäuseweg, das muss man nicht dauernd ändern.

„Aber ob in fünf Jahren noch einer versteht, warum du Merzhase mit „e“ schreibst?“

„Berufsrisiko“, kann ich da nur antworten.

Jedenfalls gefällt mir die Geschichte eigentlich ziemlich gut, wenn ich das mal so sagen darf. Die Brüder Grimm durften ausnahmsweise mal außen vor bleiben und ansonsten bleibe ich dicht am Original. Und das Goldrandglas von Opa ist wirklich dabei kaputt gegangen. Was aber nicht schlimm war, denn den Goldrand hatte sowieso schon die Spülmaschine gefressen, da war das Kaninchen völlig unschuldig.

Alice im Wunderland

Ich weiß nicht, ob Sie das kennen: Sie kommen völlig kaputt von der Arbeit nach Hause, fühlen sich wie ein Filzpantoffel, den Nachbars Flocki zwischen die Zähne bekommen hatte, erst eine Weile mit ihm spielte, dann aber die Lust verlor und ihn im nasskalten Matsch des Grünkohlbeetes hinterm Haus zur späteren Verwendung in 10 cm Tiefe eingrub.

So also fühlen Sie sich. Beziehungsweise so fühlte ich mich an einem Feierabend, der noch gar nicht so lange her ist. Ich ließ mich also in meinen gemütlichen Wohnzimmersessel fallen, positionierte die Füße im Sessel gegenüber, nahm einen tiefen Schluck aus der Bierflasche, die zufällig oder nicht, in Reichweite stand, ignorierte das von meiner Frau bereit gestellte Goldrandglas und deckte dann zur Tarnung mein Gesicht mit der Tageszeitung ab.

So verharrte ich eine Weile regungslos und zählte in Gedanken die Jahre, die ich noch bis zur Rente überstehen musste. Es waren so viele, dass ich noch nicht einmal die Hälfte abgezählt hatte, als ich merkte, wie mich etwas am Hosenbein zupfte. Erst machte ich eine abwehrende Bewegung mit dem Fuß, aber das Zupfen hörte nicht auf. Ich blinzelte hinter der Zeitung hervor. Im Sessel gegenüber hockte ein kleines Kaninchen. Normalerweise hätte ich mich gewundert, wenn plötzlich im Sessel gegenüber ein kleines Kaninchen gesessen hätte und mich am Hosenbein zupfte. Aber irgendetwas war nicht normal an dieser Situation.

„Hallo“, grüßte das Kaninchen und schnupperte in die Luft.

„Wer bist du und was willst du?“, fragte ich statt eines Grußes.

„Ich bin ein Kaninchen und heiße Mäuseweg“, sagte das Kaninchen.

„Wie - Mäuseweg?“

„Na eben Mäuseweg, oder denkst du, dass ich was für den Namen kann?“

„Ich denke gar nichts“, antwortete ich und fragte noch mal: „Was willst du?“

„Ich kann Gold zu Stroh spinnen“, behauptete Mäuseweg. Natürlich glaubte ich dem Kaninchen kein Wort. „Du bist doch nicht Rumpelstilzehen“, sagte ich und zog meine Füße aus dem Sessel zurück. Aber das Kaninchen ließ nicht locker. Es plapperte: „Rumpelstilzchen konnte Stroh zu Gold spinnen, ja wenn ich das könnte, dann ginge es uns gut, dann könnte mich jeder leiden. Aber wer mag schon einen, der Gold zu Stroh spinnen kann? Den hält doch jeder für einen Verschwender. Und wenn du dann noch Mäuseweg heißt, ja es ist ganz furchtbar.

Ich finde auch kaum noch Gold, weil ich schon alles versponnen habe, aber bei dir will ich noch mal nachsehen, da ist vielleicht was zu holen. Ist das ein Goldrand um das Bierglas da drüben?" sprach's und schnappte sich ehe ich mich versah mein Bierglas und hoppelte los. Durch die offene Terrassentür hinaus in den Garten, geradewegs zum Grünkohlbeet und verschwand plötzlich. Ich sprang auf, schwang mich in die Gummigalloschen, die auf der Terrasse standen, fluchte, weil nasses Laub an meinen Socken klebte und rannte hinterher. Im Grünkohlbeet bemerkte ich ein kleines Loch im Boden. Hier musste das Kaninchen verschwunden sein. Ich stocherte mit dem Fuß im Loch, als ich plötzlich den Halt verlor. Der Boden gab unter mir nach und ich merkte wie ich fiel, mitten hinein in das Kaninchenloch.

Als ich wieder zu mir kam, befand ich mich in einem großen Saal. Er war sehr prachtvoll, erinnerte mich ein wenig an Sanssouci in Potsdam, wo man für unverschämt viel Eintritt mit Filzpantoffeln hindurchschlittern kann. Obwohl, ich glaube, die Filzpantoffeln haben sie abgeschafft. Hier war alles mit Spiegeln ausgekleidet. Dadurch wirkte der Saal riesig.

Ich stand auf und spürte, dass ich irgendwie geschrumpft sein musste. Denn ich konnte etwas, was ich schon seit Jahren nicht mehr fertig gebracht hatte. Ich konnte den Gürtel an meiner Hose im engsten Loch schließen.

Da kamen zwei Gestalten auf mich zu. Sie sahen aus wie Zwillinge, kaum zu unterscheiden, der eine ein Spiegelbild des anderen. Es waren zwei ältere Herren, gut gekleidet und mit einem fest gefrorenem Lächeln im Gesicht.

„Guten Tag", sagten beide gleichzeitig und verbeugten sich. „Wir sind EsDeU und CePeDE."

„Aha", bemerkte ich, und wer ist welcher? „Ich bin CeDeDe und das ist EsPeU", sagte der eine. Hatte ich die Namen nicht gerade anders verstanden?

„Da muss ich Ihnen entschieden widersprechen", rief plötzlich der andere. „Ich bin CeDePe und Sie EsPeU."

„Im Gegenteil, und Sie wissen ganz genau das ich recht habe", schrie der erste und wurde dabei immer lauter „Ich bin PeCeDe, Sie EsUDe, Sie!"

Der Streit wurde immer lauter. „Lassen Sie mich gefälligst ausreden", fiel der eine dem anderen ins Wort. „Eine Lüge wird dadurch nicht wahrer, dass man Sie laufend wiederholt", konterte der andere. Und immer wieder „DeCeU" und „EsDePe" oder so ähnlich, bis beide schließlich nur noch ein leises hohes Fiepen von sich geben konnten. Plötzlich

Stille, beide räusperten sich und sagten im harmonischsten Gleichklang der Welt: „Wie lautete Ihre Frage doch gleich?“ Ich hatte es vergessen.

Deshalb fragte ich lieber: „Was machen Sie hier eigentlich?“

„Wir regieren dieses Land“, antworteten beide wie aus einem Mund.

Ich war verwundert. „Was denn, alle beide?“

Die Männer lächelten. „Nicht immer gleichzeitig, mal der eine, dann der andere, manchmal gemeinsam und manchmal scheinbar gegeneinander. Das wechselt. Aber im Land merkt das keiner. Der eine fängt etwas an, das macht der andere dann zu Ende. Oder auch nicht. Oder ganz anders. Oder genau so, weil man unter diesen Vorzeichen nicht anders kann.“

„Das muss doch ein ziemliches Wirrwarr geben?“, fragte ich.

„Na ja“, antworteten die Männer, „man wurstelt sich so durch. Manchmal geht auch was schief. Aber weil wir uns so ähnlich sind wissen die Leute hinterher sowieso nicht mehr, wer eigentlich Schuld war.“

„Das Karnickel hat mein Bierglas geklaut“, sagte ich. Vielleicht konnten mir die beiden Herren einen

Tipp geben, bevor sie wieder anfingen zu streiten.

„Ja der Mäuseweg“; antwortete einer der beiden und ich konnte beim besten Willen nicht sagen welcher. „Der Mäuseweg sammelt alles ein, was irgendwie nach Gold aussieht. Und das spinnt er dann zu Stroh.“

„Aber das ist doch ungesetzlich, das ist Diebstahl!“, rief ich empört. „Nein“, lächelten die Männer. „Diebstahl ist es nur, wenn man jemanden etwas wegnimmt, was demjenigen gehört.“ Ich verstand nicht, wieso es dann kein Diebstahl sein sollte, wurde aber belehrt: „Das Kaninchen handelt praktisch in unserem Auftrag. Es ist seine Aufgabe, Gold einzusammeln. Es ist ihm ziemlich egal, ob es dafür gehasst wird oder nicht. Als Kaninchen hast du ganz andere Interessen, als von Menschen geliebt zu werden.“

Die Männer wollten sich umdrehen und gehen. Aber eine Frage hatte ich noch: „Was macht ihr denn mit dem vielen Stroh?“

Die Männer hielten kurz inne. „Das dreschen wir auf unseren Zusammenkünften.“

Ich rief ihnen hinterher: „Aber da kommt doch nichts heraus, wenn man leeres Stroh drischt!“

„Na und?“ hörte ich noch und dann waren die beiden verschwunden.

In dem Spiegelsaal öffnete sich eine Tür und ich trat hinaus ins Freie. Das war schon komisch, hier, unter meinem Grünkohlbeet plötzlich eine Landschaft zu finden. Trotzdem kam mir alles entfernt bekannt vor, so als hätte ich davon schon einmal gelesen oder geträumt. Ich fühlte mich wie im Wunderland. Und richtig: Vor einem kleinen Häuschen an einem langen Tisch saßen zwei Gestalten. Ich sah sofort, dass es der Merzhase und der Hutmacher waren und da wusste ich, dass ich wirklich im Wunderland war.

„Setz dich zu uns!“, rief der Merzhase. Das hätte ich gern getan, aber an dem großen Tisch standen nur zwei Stühle, und auf denen saßen der Hutmacher und der Merzhase.

„Es ist kein Stuhl mehr frei“, sagte ich ratlos. „Du musst dir ein bisschen Mühe geben“, meinte der Hutmacher, „wir haben doch auch jeder einen freien Stuhl gefunden.“

Jetzt kam ich mir verschaukelt vor. „Hört mal“, schimpfte ich, „das ist sehr unhöflich von euch, mich zu verspotten. Wenn nur zwei Stühle da stehen und die sind besetzt, wie soll ich mir da Mühe gebe einen freien Platz zu finden?“

„Das geht Tausenden so“, antwortete lakonisch der Hutmacher, „aber sie versuchen es immer wieder. Weil sie es müssen. Das Amt verlangt es von ihnen.“

Der Merzhase pflichtete ihm bei: „Du musst auch flexibel sein. Versuche es doch mal an einem anderen Tisch. Oder vielleicht findest du jemanden, der seinen Stuhl mit dir teilt.“

„Warum kann man denn nicht einfach ein paar Stühle mehr an den Tisch stellen? Er ist doch so groß!“, fragte ich und erntete ein bemitleidendes Lächeln.

„Stühle kosten uns viel Gold. Viel zu viel. Und das Gold braucht das Kaninchen Mäuseweg, um daraus Stroh zu spinnen“, erklärte der Merzhase.

Eben. Das war‘s. Ich wollte mein Goldrandglas wieder zurück. Vielleicht konnten mir die beiden wenigstens dabei helfen. Aber die zuckten nur die Schulter. Jedenfalls schickten sie mich zum Herzogkönig. Der sollte alles wissen. Zumindest sprach er über alles. Am liebsten über die Freiheit. Aber es nahm ihn keiner ernst, weil er eben nicht wirklich was zu sagen hatte. Vielleicht sollte ich mich gleich an die Königin wenden? Wenn es mal brenzlich wurde, dann sagte sie „Wir schaffen das“, und alle mussten mitmachen, auch wenn keiner wusste wie.

In ein verrücktes Land war ich da geraten. Anstatt den Feierabend genießen zu dürfen musste ich hier dumme Gespräche führen. Wer weiß, was noch alles passiert. Vielleicht taucht gleich die Grinsekatze vor mir auf und fragt mich nach dem Weg. Oder ich muss mit der Königin Igelpolo spielen und wenn ich verliere, darf mich ein Türkenfürst nach Afrika abschieben. Schlimmstenfalls steckt er mich auch in den Knast, wenn ich ihm nicht ausreichend huldige. Eigentlich war mir mein Glas inzwischen ziemlich egal. Ich trank sowieso lieber aus der Flasche. Aber wie sollte ich den Weg zurück finden?

„Das ist ein sehr löblicher Entschluss", hörte ich jemanden sagen. Ich blickte hin und her, auf und nieder und sah vor mir - das Kaninchen Mäuseweg.

„Was meinst du?", fragte ich zurück.

„Ich finde es sehr löblich, dass du von dir aus verzichtest. Nullrunde nennt man das. Du verzichtest auf etwas, was dir schon mal gehört hat und ich verspreche dafür, dir erst einmal nichts Neues wegzunehmen", erklärte das Kaninchen.

„Und was heißt erst einmal?", wollte ich wissen.

Das Kaninchen schnüffelte etwas verlegen vor sich hin. „Das kann man so genau nicht sagen. Vielleicht ein Jahr, vielleicht nur ein halbes. Vielleicht nehme ich dir auch gar nichts mehr weg, weil bald der Merzhase dran ist mit meinem Posten."

Das erschien mir doch ein ziemlicher Kuhhandel. Aber zurück in meinen Sessel wollte ich schon gerne. Dafür würde ich notfalls auch auf mein Goldrandglas verzichten.

„Dann musst du ein Rätsel lösen", ordnete das Kaninchen Mäuseweg an. Das verwunderte mich, denn eben hätte es noch gereicht, auf das Glas zu verzichten.

„Machst du hier die Gesetze oder ich?" fuhr mich das Kaninchen an. „Du musst das Rätsel ja nicht lösen!"

„Nun sag schon", brummte ich ungeduldig. Das Kaninchen setzte sich auf die Hinterbeine, stellte die Lauscher auf und begann:

„Also pass auf! Was ist das? Es ist hart. Du musst arbeiten und dich sehr anstrengen, um es zu bekommen. Dann kannst du davon essen. Aber es ist zu wenig, um satt zu werden. Eigentlich sollte es größer werden, aber es ist wahrscheinlicher, dass es mit der Zeit zusammenschrumpft".

Na, das war einfach. „Mein Altersrente!" rief ich, sicher, bald wieder zu Hause zu sein.

„Mag sein, mag sein", meinte Mäuseweg, „aber ich hatte mehr an eine Nuss gedacht. Ich will mich jedoch nicht streiten. Auch, weil mich deine Rente nicht interessiert. Ich habe meine Pension und will nicht tauschen. Hier nimm!"

Das Kaninchen kullerte mir eine Nuss vor die Füße und hoppelte davon. Es war eine Walnuss, die sich leicht mit den Händen knacken ließ. Sie schmeckte auch ganz ordentlich. Wie ich nun aber von der Nuss aß, da merkte ich, wie ich anfing zu wachsen und zu wachsen. Ich wurde immer größer und stieß plötzlich von unten durch den Himmel. Um meinen Kopf herum hingen Grünkohlzweige. Auf einmal gab es einen Stoß von unten, ich flog aus dem Loch heraus, taumelte rückwärts über die Terrasse und fiel durch die glücklicherweise noch offen stehende Tür geradewegs in meinen Wohnzimmersessel.

Benommen zog ich mir die Zeitung vom Gesicht und hörte meine Frau schimpfen: „Das gute Goldrandglas von Opa hast du umgestoßen! In Zukunft kannst du dir ein Senfglas aus der Küche holen!" Sie stand mit Kehrschaufel und Besen neben meinem Sessel und schaute mich mit einem Blick an, dass ich am liebsten im Erdboden versunken wäre. Andererseits wollte ich das lieber doch nicht noch einmal.

„Daran ist nur der Mäuseweg schuld", rief ich ihr hinterher in die Küche.

Aber wie dem auch sei. Mein Glas war weg und ich aus dem Wunderland entkommen.

Nun könnte jemand auf die Idee kommen, das war gar kein Märchen, sondern ich hätte das alles wirklich so erlebt. Das stimmt nicht, ich habe mir alles nur ausgedacht. Ich habe nämlich noch nie Grünkohl angebaut. Und außerdem: Wer verdammt ist Alice?

Eigentlich sind Märchen was für Kinder. Dieses hier aber bezeichne ich ausdrücklich als Märchen für Erwachsene, denn die Märchen sind nur die Hülle für den Inhalt.

Das Märchen vom kleinen Stern kann man allerdings ruhig auch Kindern erzählen oder vorlesen. Warum eigentlich nicht? Ist doch toll, wenn Mama oder Papa aus dem Buch vorlesen, was sie selbst gerade zu Weihnachten lesen.

Ich habe viele Geschichten geschrieben, in denen die Sterne eine Rolle spielen. Fast alle wurden für die Aufführung in einem Planetarium produziert. Diese hier jedoch nicht. Es ist nur eine Lesegeschichte.

Vielleicht wird sie nicht nur Kinder etwas ratlos zurücklassen. Kann man die Gedanken und die Entscheidung des kleinen Sterns gutheißen oder sollte man Kinder davor warnen, einen solchen Weg einzuschlagen? Ich weiß es selbst nicht. Und vielleicht gibt es gar kein „ja“ oder „nein“. Vielleicht muss das jeder selbst für sich entscheiden.

Das Märchen vom traurigen Stern

Hinter dem Horizont, auf der anderen Seite des Himmels, gab es einmal einen Stern. Er funkelte und glänzte so wie Tausend andere Sterne, und doch war es ein sehr unglücklicher Stern. Und das ist eigentlich sehr traurig, denn kein Stern sollte unglücklich sein. Ihr werdet vielleicht sagen, gut dann war er eben mal unglücklich, aber was soll's. So ein Stern lebt doch ewig, da kann er doch gar nicht immer unglücklich sein. Und außerdem gibt es doch viele Millionen Sterne, kommt es da auf einen einzigen an?

Ich hoffe nicht, dass ihr so etwas sagt. Denn stellt euch vor, ihr wärt nicht als kleiner Mensch, sondern als kleiner Stern auf die Welt gekommen. Alle anderen Sterne um euch herum wären glücklich, nur ihr nicht. Da wäre es doch gleichgültig, dass es Millionen Kinder gibt. Es ist schlimm und traurig, wenn auch nur ein Kind unglücklich ist und am schlimmsten wäre es, wenn gerade du dieses Kind wärst. Aber ich will dich nicht traurig machen, sondern eine Geschichte erzählen, bei der du am Ende lächeln kannst, deshalb stellen wir lieber die Frage, warum der Stern unglücklich war.

Vielleicht war es nur ein kleiner Stern? Da unterscheiden sich Sterne nämlich von Menschen. Zwar werden auch Sterne geboren, und sie leben sehr,

sehr lange, aber eben nicht ewig. Doch wachsen, so wie aus kleinen Menschen große werden, das können sie nicht. Trotzdem ist es kein Unglück, ein kleiner Stern zu sein. Unsere Sonne zum Beispiel ist nur ein kleiner Stern. Aber sie hat etwas ganz Wunderbares. Sie hat acht Planeten. Und einer davon ist die Erde, und auf der leben wir Menschen. Ohne unsere Sonne gäbe es uns nicht. Dabei stört es überhaupt nicht, dass die Sonne eigentlich nur ein kleiner Stern ist, denn wir finden sie wunderschön, oder?

Jedoch so klein war unser Stern gar nicht, es war viel, viel schlimmer. Er war einfach nur – unbedeutend. Ja, unbedeutend. Niemand kannte ihn, niemand interessierte sich für ihn. Wir könnten ihn zum Beispiel nicht einmal am Himmel sehen. Nicht nur, weil er auf der anderen Seite des Himmels leuchtete. Auch auf der anderen Seite des Himmels gibt es Menschen. Nein, er war so weit entfernt, dass man ihn einfach nicht erkennen konnte. Jedenfalls nicht ohne ein gutes Fernrohr.

Manchmal schauten Menschen mit dem Fernrohr in seine Richtung. Aber dort, wo sich unser Stern befand, gab es auch viele Millionen andere Sterne, und alle leuchteten und strahlten. Deshalb konnte man unseren Stern nicht erkennen, denn er war nur einer von vielen, und alle zusammen wirkten wie eine riesige, weit entfernte leuchtende Wolke. Sogar fotografiert wurde unser Stern. Auf den Bildern konnte man schon erkennen, dass da keine Wolke war, sondern viele, viele Sterne. Aber unser Stern war eben nur einer von diesen vielen und deshalb unbedeutend. Darüber war er sehr unglücklich.

„Nun bin ich schon ein so schöner Stern, ich kann leuchten und funkeln, aber kein Mensch kennt mich“, seufzte der Stern manchmal vor sich hin.

„Was hast du davon, wenn ein Mensch dich kennt?“, fragte einmal ein Nachbarstern. „Menschen sind doch so klein, weit entfernt und ihre Sonne ist auch nur ein kleiner Stern.“

„Sind Menschen nicht das Wunderbarste, was es auf der Welt gibt?“, fragte der Stern zurück. „Warum sollten wir funkeln und leuchten, wenn es niemand sieht?“

„Darüber habe ich noch nie nachgedacht“, gab der Nachbarstern zu. „Glaubst du wirklich, dass es sich lohnt, für die Menschen zu funkeln?“

Unser Stern war sich ganz sicher. Denn die Menschen beschäftigten sich sehr viel mit den Sternen. Sie wollten unbedingt wissen, warum die Sterne funkeln. Aber auch, warum es überhaupt Sterne und Menschen gab. Darüber waren sie sich nicht einig. Doch Sterne fanden die meisten schön.

Natürlich war die Sonne der schönste und wichtigste Stern für die Menschen. Aber auch anderen Sternen, die sie wichtig fanden, hatten sie Namen gegeben. Oft waren das sehr schöne und außergewöhnliche Namen wie „Antares“, „Beteigeuze“, „Mizar“ oder „Aldebaran“. Unser Stern hatte keinen Namen.

Viele Sterne wurden wenigstens mit Buchstaben bezeichnet, mit griechischen Buchstaben, und sie hießen dann „Alpha“, „Beta“, „Gamma“, aber unser Stern hatte auch keinen Buchstaben abbekommen.

Die weniger wichtigen Sterne trugen eine Nummer, aber nicht mal eine Nummer besaß unser Stern. Er war einfach unbedeutend. Und darüber war er sehr, sehr traurig.

Die anderen Sterne konnten ihn nicht verstehen. „Reicht es nicht aus, ein Stern zu sein? Funkle mit uns, wir bilden zusammen eine riesige Galaxie, ein Sternensystem, das die Menschen von der Erde aus durch ihre Fernrohre als hellen Nebel am Nachthimmel sehen können.“ Menschen suchen gern nach solchen hellen Nebelflecken. Sie versuchen dann zu ergründen, was sich dahinter verbirgt. Manchmal sind es nur leuchtende Gaswolken, manchmal aber auch Millionen von Sterne in großer Entfernung. So war es bei unserem Stern.

Doch das war ihm nicht genug. „Wenn ich heller scheinen könnte als andere, dann würde ich bestimmt einen Namen bekommen oder wenigstens einen griechischen Buchstaben", glaubte unser Stern. Er traute sich nur nicht, das all zu laut zuzugeben, denn die anderen Sterne um ihn herum, die waren eigentlich auch nichts Besonderes. Etwas Besonderes war die Sonne, denn sie hatte die Erde mit den Menschen darauf. Oder Sterne die einen Namen hatten, die leuchteten meist besonders hell. Andere Sterne bildeten mit ihren Gefährten Figuren am Himmel, die die Menschen Sternbilder nannten. Unser Stern war nur Teil einer fernen leuchtenden Wolke.

„Es ist nicht notwendig, etwas Besonderes zu sein", meinten die Nachbarsterne. „Wir sind Sterne so wie du, und wir sind glücklich. Traurig ist nur, dass dir das nicht ausreicht. Wahrscheinlich bist du recht eingebildet, weil du bedeutsam sein willst."

Natürlich hatten sie gemerkt, dass unser Stern unglücklich war und voll Mitgefühl nach den Ursachen gefragt. Aber nun, als sie erfuhren, dass sich der Stern nur von den anderen abheben wollte, da ärgerten sie sich. Fortan kümmerten sie sich nicht mehr um das Unglück unseres Sterns, und auch der vermied es, mit den anderen über seine Wünsche zu sprechen. Insgeheim jedoch hätte er alles dafür gegeben, sogar sein Sternenleben, wenn er nur einmal als er selbst wahrgenommen worden wäre, und nicht nur als unbedeutender Teil eines leuchtenden Nebels.

Eines Tages spürte unser Stern, dass irgendetwas in seinem Innern nicht stimmte. Es rumorte und rappelte in ihm, als wollte sich das Innerste nach außen kehren. Erst glaubte er, durch sein Unglück krank geworden zu sein. Es wurde fast unerträglich. Nur mühsam konnte er dem Drang widerstehen zu zerplatzen. Was war nur mit ihm geschehen?

Ganz langsam wurde ihm bewusst, dass sein schönster Traum, sein innigster Wunsch vielleicht doch wahr werden sollte. Nur wenigen Sternen gelang es, einmal in ihrem Leben heller als die anderen zu strahlen. Nämlich dann, wenn sie in einer gewaltigen Explosion all ihr Licht auf einmal in den Weltraum entließen. Und unser Stern spürte, dass er diese Chance erhalten sollte. Aber wusste er, was danach kommen sollte? Lohnte es sich, dafür sein Leben zu riskieren? Lohnt es sich aufs Spiel zu setzen, vielleicht nie wieder leuchten zu können, nur um einmal der hellste Stern des Universums gewesen zu sein?

Wie hättet ihr entschieden? Einmal der Hellste, Strahlendste der Welt zu sein und dafür alles herzugeben, was man bisher hatte? Unser Stern zögerte und kämpfte gegen das Gefühl in seinem Innern an.

Andererseits, lohnte es sich, weiter so zu existieren, einfach nur da zu sein, unbedeutend, unglücklich? Wollte er das?

Nein, er wollte es nicht. Einmal kurz besann er sich und dann ließ er es zu. Mit einer gewaltigen Explosion zerbarst die feurige Hülle des Sterns und gab das glühende Innere frei, was in atemberaubender Geschwindigkeit nach außen drang. Weiter und weiter bahnte es sich seinen Weg in die Weiten des Weltalls, so dass unser Stern immer größer und heller wurde, größer und heller, als alles andere herum. Auch in großer Entfernung bemerkte man dieses plötzliche Aufleuchten.

Die Menschen auf der Erde richteten ihre Teleskope auf die neblige Wolke, aus der plötzlich ein heller Stern aufleuchtete und die Wolke überstrahlte. „Ein neuer Stern ist entstanden!“, riefen die Menschen begeistert, „eine neue Sonne, eine Nova Solaris“.

Und weil der Stern so hell und prächtig war, sprach man bald nicht mehr nur von einem neuen Stern, sondern von einem Superstern, einer Supernova. Unzählige Male wurde der Stern vermessen, fotografiert, beobachtet. Die Menschen gaben ihm einen eigenen Namen und forschten auf alten Fotos, wie der Stern denn vorher aussah, bevor er aufblitzte.

Ein paar Wochen war unser Stern der hellste und

schönste am Himmel. Dann war seine Energie aufgebraucht. Erschöpft zog er sich zu einer kleinen, dunklen Kugel zusammen. Bald war er in der fernen Galaxie nicht mehr zu erkennen. Nur einige seiner Staub- und Gaswolken, die ins All entwichen waren, bildeten noch lange bunte Figuren im dunklen Weltall. In vielen Millionen Jahren wird sich aus ihnen vielleicht ein neuer Stern bilden.

Unser Stern, auch wenn er heute nur eine kleine dunkle Kugel ist, die man nicht mal mehr mit einem Fernrohr findet, ist noch immer sehr berühmt. Nicht allzu oft gelingt es einem Stern, alle Aufmerksamkeit im Universum auf sich zu lenken. Fotos in vielen Büchern zeigen ihn als hell strahlende Supernova und jeder, der heute Astronom werden will, muss seinen Namen lernen.

Damit ist meine Geschichte zu Ende. Vielleicht hättet ihr euch gewünscht, das der Stern wenigstens immer noch so hell leuchten kann wie vorher. Dann hättet ihr aber nie von ihm erfahren. Nur weil er alle seine Kraft und seinen Mut zusammen genommen hatte, konnte er so bedeutsam werden. Auch wenn er heute nur eine kleine dunkle Kugel ist; er ist auf alle Fälle sehr, sehr glücklich.

Die folgende Geschichte, ist die einzige, die ich außerhalb des engsten Familienkreises noch niemanden zum Lesen gegeben habe, geschweige denn öffentlich vorgetragen. Ein Märchen, das Hänsel und Gretel heißt, habe ich aber auch in meiner Sammlung. Die Anspielung, statt Gretel das Mädchen Greta zu nennen, könnte leicht zu einer verbalen oder gar körperlichen Auseinandersetzung mit weltverbessernden Teenagern werden, könnten diese doch meinen, ich verunglimpfe ihr Idol.

Ich schrieb die Geschichte zu der Zeit, als ein fröhlicher Kinderchor eines ARD-Senders ein Lied im Fernsehen sang, in dem die Zeile vorkam „Meine Oma ist ne alte Umweltsau". Der Intendant dieses Senders bekam dafür einen Shitstorm ab und das wollte ich mir ersparen.

Damit wir uns recht verstehen. Auch ich mache mir natürlich Sorgen um die Zukunft unserer Erde und ich war auch mal eine weltverbessern wollender Teenager. Wird man älter, dann merkt man, dass von andern fordern das eine, es selber tun aber etwas anderes ist.

Ich glaube jedenfalls, dass es Lösungen geben wird, unseren Planeten zu retten und kommenden Generationen trotzdem ein Leben mit Freude und einem gewissen Komfort zu ermöglichen. Sicher werden auch einige von denen, die heute mit Greta demonstrieren, später einmal nach solchen Lösungen suchen. Eine andere Möglichkeit gibt es ja nicht.

Und wer sich trotzdem von der folgenden Geschichte angesprochen und vielleicht sogar gekränkt fühlt: Ihr seid doch gar nicht gemeint.

Das Märchen von Hans und Greta

Es war einmal ein Holzfäller, heute sagt man wohl Forstarbeiter dazu, der lebte mit seiner Frau am Rande des Waldes. Beide hatten früher zwei niedliche kleine Kinder, den Bub riefen sie Hänsel und das Mädchen Gretel.

Inzwischen jedoch waren die Kinder Teenager, wollten bei ihren richtigen Namen gerufen werden, also Hans und Greta, und waren sich in einem einig: Dass ihre Eltern so ziemlich das Peinlichste war, was es auf der Welt gab. Die Mutter holte zum Beispiel die Lebensmittel mit dem Auto vom Supermarkt, einem Diesel, statt sich für den Weg zum Biobauern einen Tesla anzuschaffen. Außerdem besaßen sie weder eine Fotovoltaikanlage auf dem Dach, noch bauten sie im Garten Hanf an, was Greta und Hans cool gefunden hätten. Aber der Beruf eines Holzfällers gehörte nicht unbedingt zur gehobenen Mittelschicht, mal vorsichtig ausgedrückt.

An einem Freitag, Greta wollte gerade ihr Transparent zurück in den Schuppen stellen, sah sie, wie der Vater den Tank einer Motorsäge mit Benzin füllte. Noch voller Adrenalin vom Vormittag schrie sie ihn an: „Wieso stiehlst du mir meine Kindheit und meine Jugend?“

Der Vater verstand nicht gleich, aber Hans stimmte vorwurfsvoll ein: „Nicht nur das du den Wald abholzt, der uns den Sauerstoff zum Atmen spendet, jetzt bläst du mit deiner Motorsäge auch noch giftiges CO_2 in die Luft.“ „Moment mal“, erwiderte der Vater, „erstens holze ich nicht den Wald ab, sondern lichte ihn aus, damit gesunde Bäume Platz zum Wachsen haben. Zweitens ist CO_2 nicht giftig und drittens verdiene ich damit das Geld, von dem ihr auch ganz gut lebt.“

„Man kann Bäume auch mit der Axt und der Handsäge fällen“, zickte Greta, „damit würde man sich dem Baum wenigstens als gleichberechtigter Gegner entgegenstellen!“. Der Vater legte die Motorsäge beiseite, lief wortlos zum Schuppen und kam mit einer Axt und einer Bügelsäge zurück. „Kommt mit!“, forderte er seine Kinder auf und lief los. Greta und Hans sahen sich verwundert an, folgten dann aber ihren Vater. Der führte sie in den Wald zu einer dicken Fichte, die mit einem roten Farbklecks markiert war. Er drückte Hans die Axt und Greta die Säge in die Hand und meinte: „So dann macht mal. Und keine Angst, ihr schadet dem Wald nicht. In der Fichte ist der Borkenkäfer. Wenn wir die nicht fällen, dann geht bald der ganze Wald zu Grunde.“

Mit diesen Worten drehte er sich um und ließ die beiden allein im Wald zurück. „Ich töte doch keinen Baum“, sagte Greta, legte die Säge auf den Boden und zückte ihr Smartphone. Hans schaute ihr grinsend zu. Sie streckte die rechte Hand mit dem Smartphone von sich und machte eine Entenschnute. Unter das Selfie tippte sie „Heute wird der Wald gerettet“. Plötzlich aber fing sie an zu schimpfen. „Verdammt, kein Netz hier draußen“, regte sie sich auf. „Komm wir suchen mal, irgendwo müssen wir doch ein Netz kriegen.“ Sie liefen hin und her, bis sie nicht mehr wussten, wo sie eigentlich waren. Denn Gretas Navi-App funktionierte ohne Netz auch nicht.

Plötzlich sahen sie von fern ein Haus im Wald stehen. Es war mehr eine Hütte, aber immerhin. Obwohl es langsam dämmrig wurde, brannte im Innern kein Licht. „Sieht nicht sehr vertrauenserweckend aus“, meinte Hans und fasste mit einer Hand an das Dach der niedrigen Hütte. Es kracht leicht und Hans hielt ein Stück Dachziegel in der Hand. „Riecht irgendwie nach Weihnachten“, sagte er verdutzt, als plötzlich aus dem Innern der Hütte eine knorzige Stimme rief. „Knusper, knusper Knäuschen, wer knabbert an meinem Häuschen?“ „Der Wind, der Wind, das himmlische Kind!“, rief Greta zurück.

Da ging die Tür auf und eine, nun sagen wir, ältere Dame schaute heraus. Sie drohte mit ihrem Stock und sagte böse: „Wollt ihr eine alte Frau verkackeiern? Von wegen der Wind!“ „Entschuldigung“, stammelte Hans erschrocken. Er hielt noch immer das Stück Dachziegel in der Hand. „Es war nicht mit Absicht. Vielleicht kann man das reparieren?“

„Vielleicht, vielleicht“, murmelte die Frau. „Wo kommt ihr eigentlich her? Warum seid ihr nicht in der Schule?“ „Heute ist doch Freitag“, antwortete Greta schnell. „Ja, na und?“, fragte die Frau, immer noch recht ungehalten. Hans erklärte: „Freitags gehen wir doch immer für unsere Zukunft demonstrieren.“ „Ach so“, meinte die Frau, „und um eure Zukunft zu beeindrucken demoliert ihr mein Haus?“

„Wir haben uns verlaufen“, gab Greta schließlich zu. „Können Sie uns vielleicht helfen?“

Natürlich wundert sich jetzt mancher, warum die ältere Dame nach der Schule fragte, obwohl es draußen schon zur Nacht dämmerte. Aber das ist wie im richtigen Leben: Man kann nicht alles rational erklären.

Die Frau schaute auf einmal nicht mehr so grimmig drein. „Kommt erst einmal herein“, lud sie die beiden ein. „Jetzt wird es schon dunkel, da lasse ich euch nicht mehr durch den Wald laufen. Kommt rein, aber macht mir keinen Schaden weiter.“

Im Innern der Hütte war es erstaunlich gemütlich. Auf dem Tisch brannte eine Kerze und es duftete nach Pfefferkuchen. „Ihr seid doch die Kinder vom Holzfäller?“, fragte die Frau. Hans und Greta sahen sich verwundert an. Woher wusste die Frau das? „Haben Sie ein Telefon?“, fragte Hans, „Dann könnten wir mal zu Hause anrufen.“ Aber die Frau hatte kein Festnetz. Sie hatte nicht einmal Strom hier im Wald. Selbst mit einem Smartphone ist man in einem Brandenburger Wald ziemlich aufgeschmissen, aber das hatte Greta ja schon selbst herausgefunden.

„Habt ihr Hunger? Bisschen Brot ist noch hier und ein paar alte Pfefferkuchen. Ich habe ja keinen Kühlschrank hier draußen und auch nicht gewusst, dass sich heute noch jemand zu mir verirrt.“

Hans war mutig oder hatte Hunger, das weiß man nicht mehr so genau. Jedenfalls griff er sich einen der Pfefferkuchen und versuchte hinein zu beißen. Aber er war hart wie Stein. „Bisschen Muggefug ist auch noch da, da könnt ihr die Pfefferkuchen eintitschen.“, sagte die alte Frau und schlurfte zur Anrichte. Dann stellte sie drei Becher lauwarmen Malzkaffees auf den Tisch.

„Kann ich lieber eine Cola haben?“ fragte Hans vorsichtig. „Du meinst das Zeug aus dem Supermarkt in den Aludosen?“ bekam er von der Frau statt einer Antwort zu hören. „Gibt es bei mir nicht. Ich lebe von dem, was mir die Natur schenkt.“

„Was machen sie denn hier so allein? Sie haben nicht mal einen Fernseher. Das muss doch öde sein.“ Greta war es jetzt schon langweilig. Hans hätte zu Hause jetzt noch eine Runde am PC gezockt, aber er saß ja im Wald bei einer alten Frau ohne Strom fest.

„Ich gehe eben früh zu Bett“, antwortete die Frau nach einer Weile. „Das könnt ihr auch machen. Ich habe noch zwei Luftmatratzen übrig.“

„Kann ich mal auf Toilette?“ fragte Greta. „Die Toilette ist draußen hinter dem Haus. Nimm dir die Laterne mit, damit du siehst, wo du lang gehst.“ Die Frau drückte Greta eine Laterne in die Hand, in der an einem Docht eine kleine bläuliche Flamme flackerte.

Eine ganze Weile saßen Hans und die Frau schweigend allein am Tisch. Schließlich kam Greta wieder zurück. „Wie war es?“, fragte Hans grinsend. „Es war gruselig und ein bisschen eklig“. meinte Greta. Die Frau zuckte mit den Schultern, „Ist halt ein Plumpsklo. Hier kannst du dir die Hände waschen.“ Sie zeigt auf einen Krug, der in einer Schüssel stand. „Ach nein, jetzt ist das Wasser alle. Kannst du bitte mal den Krug füllen?“, bat sie Hans. Der schaute sich um.

„Wo gibt es Wasser?“, fragte er. Die Frau zeigte zur Tür. „Draußen ist eine Pumpe!“ Hans nahm den Krug und ging hinaus ins Dunkle. Er sah absolut nichts. Also wollte er sich umdrehen, um die Laterne zu holen. Da legte sich eine Hand auf seine Schulter. Hans erschrak fürchterlich. Aber nur die Frau war ihm gefolgt.

„Im Dunkeln wirst du die Pumpe nicht finden." Sie leuchtete mit der Laterne und hielt den Krug, während Hans, dem der Schreck noch immer in den Gliedern saß, den Pumpenschwengel auf und nieder bewegte.

Hans und Greta verbrachten eine unruhige Nacht auf ihren Luftmatratzen, nicht nur, weil die alte Frau in ihrem Bett beim Einatmen schnarchte und beim Ausatmen blubberte. Mitten in der Nacht wachte Hans schweißgebadet auf. Er hatte geträumt, dass ihn die Frau in den Gänsestall gesperrt hätte und ihn mästen wolle.

Irgendwie ging die Nacht zu Ende. Als Greta erwachte, sah sie die Frau an einem alten Kohleherd hantieren. „Guten Morgen", sagte Greta leise. Die Frau drehte sich zu ihr um. „Wenn du dich bisschen waschen willst, kannst du das draußen an der Pumpe machen. Und wo das Klo ist weißt du ja." Als Greta wieder herein kam, war auch Hans munter. Greta sah, wie die Frau ein Brikettstück in den Ofen schob. „Sie heizen noch mit Kohle?" fragte sie mehr verwundert als vorwurfsvoll. „Ja, richtig", erhielt sie zur Antwort, „Ich will es schließlich auch ein bisschen warm haben. Und der Muggefug schmeckt kalt scheußlich."

„Lauwarm aber auch", murmelte Hans von seiner Luftmatratze, was die Frau aber überhörte. Stattdessen fragte sie: „Womit heizt ihr denn so zu Hause?" Greta antwortete: „Ich glaube mit Strom, oder mit Gas. Auf alle Fälle mit etwas, dass keinen Dreck macht." Die Frau lachte kurz auf. „Na, dann habt ihr es ja wenigstens bei euch zu Hause schön sauber."

Zum Erstaunen der beiden Geschwister stellte die Frau ein paar aufgebackene Brötchen und ein Glas Marmelade neben die Becher mit Muggefug. Später begleitete die Frau die beiden ein Stück, bis ihnen der Wald bekannt vorkam und sie den Weg nach Hause fanden.

Vater und Mutter hatten sich heftig gestritten, weil der Vater die Kinder allein im Wald zurück gelassen hatte. „Habe ich ja gar nicht, aber als ich sie holen wollte, da waren sie verschwunden. Und der kranke Baum stand auch noch", verteidigte der sich. „Es sollte nur eine kleine Lehre sein, dass nicht alles im Leben so einfach ist, wie man sich das manchmal vorstellt."

Aber als Hans und Greta dann plötzlich, der Vater wollte gerade die Polizei anrufen, in der Tür standen, da überwog bei allen die Erleichterung und sie fielen sich in die Arme. „Wo wart ihr nur die ganze Nacht?", wollte die Mutter wissen. Hans und Greta erzählten, dass sie ein Haus gefunden hätten, aber dort gab es nicht mal Strom, kein richtiges Klo, die Frau lebte wie im Mittelalter. „Ehrlich, ich hätte es keinen Tag länger dort ausgehalten", erklärte Greta und Hans pflichtete ihr bei.

„Ach die Frau Schulze, ja die kenne ich", sagte der Vater. „Ich begegne ihr manchmal bei der Arbeit. Sie ist sehr nett und sehr klug. Oft sammelt sie Kräuter, Beeren und Pilze und manchmal, wenn das Wetter schön ist, bleibt sie einfach draußen im Wald. Sie nutzt dann unsere alte Holzfällerhütte, die haben wir ihr überlassen." „Dann wohnt sie gar nicht immer dort?", fragte Greta. „Nein, da hattet ihr Glück. Meist fährt sie mit dem Fahrrad in die Stadt zurück."

„So", fiel ihm die Mutter ins Wort, „weil alle wieder da sind muss ich nochmal in den Supermarkt fahren, was für's Wochendende einkaufen. Braucht jemand was?" „Ach ja", meinte Hans, „kannst du mir bitte zwei, drei Büchsen Cola mitbringen?"

Das neue Jahrtausend begann mit einer Reihe von islamistisch begründeten Terroranschlägen, weshalb sich vieles auf der Welt veränderte. Vor allem die Sicherheitsbestimmungen im Luftverkehr wurden verschärft.

Diese gelten ja noch heute und auch Angela Merkel ist immer noch Bundeskanzlerin. Viele waren genervt von den vielen Streiks, die es bei der Deutschen Bahn gab, weshalb es mutig war, sich eine Fahrkarte langfristig vorher zu kaufen. Ein Ärgernis war auch die schrittweise Erhöhung der Mineralölsteuer, weshalb Reisen insgesamt zu einer teuren und unsicheren Sache wurde.

Die Älteren werden sich vielleicht noch an den G8 Gipfel in Heiligendamm erinnern, bzw., wenn Sie nicht gerade auf Rügen lebten und unter den festungsähnlichen Sicherheitsvorkehrungen leiden mussten, wenigstens an den großen Strandkorb, in dem Angela Merkel mit den anderen sieben Herren saß. Der Strandkorb spielt aber im folgenden Märchen keine Rolle.

Ich denke mal, die meisten Anspielungen werden die Leser verstehen. Nur die Sache mit Rudi ist ein Insider, den nur die verstehen, die damals meine Kollegen waren. Ich hoffe es geht dir gut, Rudi, und du verzeihst mir den Gag auf deine Kosten. Aber er passte einfach so schön hier hin.

Das Märchen vom Märchen

Es gibt Zeiten, liebe Kolleginnen und Kollegen, liebe Mitmenschen und Freunde, da baut man in sich einen Erwartungsdruck auf, der knallt einem fast das Überdruckventil durch, da hat man Mühe, alles in sich zu halten, natürlich nur bildlich gesprochen. Besonders prädestiniert dafür ist die so genannte Vorweihnachtszeit, also nicht mal die Weihnachtszeit selbst, sondern die Zeit davor. Lateinisch heißt das die „pränatale" Phase. Mütter, ihr wisst was ich meine, denn „prä" heißt „vor" und „natale hilare" ist Weihnachten auf lateinisch.

Solch ein Druck wird zum Beispiel aufgebaut, wenn man noch ein Geschenk für die Schwiegermutter kaufen soll. Viel kosten darf es nicht, aber man soll ihm auch nicht ansehen, dass es aus dem Eineuroshop stammt. Da wäre Oma nämlich beleidigt, und sie würde es sofort bemerken, weil sie dort immer meine Geburtstagsgeschenke kauft.

Stressig war es auch immer im Dezember auf das Gehalt zu warten. Da gab es ja Weihnachtsgeld, und keiner wusste vorher, wie viel das sein würde. Wenigstens den Stress haben wir nicht mehr. Dafür soll ich nun jedes Jahr ein neues Märchen schreiben, aber kann sich überhaupt jemand vorstellen, was das für Nerven kostet, bis man wenigstens eine Idee hat?

Grimms Märchen sind diesbezüglich schon ziemlich abgegrast und die Umschreibung der Märchen von Wilhelm Hauf, die alle im Orient spielen, verbietet sich zur Weihnachtszeit aus religiösen Gründen. Und natürlich auch aus politischen. Wie schnell könnte man denken: Aha, komischer Mann mit Mantel und langem Bart, der unverständliches Zeug murmelt, dass ist ein Taliban! In Wirklichkeit ist es nur der Weihnachtsmann, aber das interessiert doch das Sondereinsatzkommando vom Bundesgrenzschutz nicht.

Da läuft einer mit einem undurchsichtigen Sack durch die Gegend, natürlich bewaffnet, ich sage nur Rute; und vermummt mit einer Pappmaske. Wenn Sie dann nur die geringste Assoziation zum Islam herstellen, da muss der sich doch gleich selbst verhaften, wenigstens, wenn das von dem Sondereinsatzkommando nicht schon vorher erledigt wurde.

Früher, ja früher, da war alles einfacher. Und besser war es auch. Mir fallen zumindest ein paar Sachen ein, die früher besser waren. Euch auch? Naja, ihr seid ja auch nicht mehr die Jüngsten.

Der Weihnachtsmann jedenfalls musste früher nicht mindestens dreißig Tage vor Heilig Abend das Dauer-Spezial-Ticket der deutschen Bahn kaufen, damit er für 29 Euro quer durch Deutschland fahren konnte und seine Geschenke verteilen. Er musste auch nicht darauf hoffen, dass der Chef der Deutschen Bahn und der Vorsitzende der Lokführergewerkschaft nach einer gemeinsamen Nacht am 24. 12. zusammen frühstücken, so dass die Lokführer an diesem Tag gerade mal nicht streiken. Außerdem musste er nicht befürchten, dass er, falls er lieber aus Kosten- und Zuverlässigkeitsgründen auf einen Billigflieger ausweicht, die vielen Duft- und Feuerwässerchen in den Geschenken auspacken, in durchsichtige Plastiktüten stecken und anschließend in einen bereit gestellten Müllcontainer werfen müsste.

Nein, der Weihnachtsmann rief einfach, kurz bevor die Bescherung losgehen sollte, nach Rudi. Und Rudi kam auch prompt, selbst wenn es schon nach 13:30 Uhr war. Obwohl er eine längere Fahrt vor sich hatte, lächelte Rudi freundlich, soweit dies einem Rentier möglich ist, und stellte den Schlitten bereit. Für das gesamte Märchenland war es damals noch ein Höhepunkt, wenn der Chef auf Reisen ging, und alle wollten mithelfen, damit das Weihnachtsfest auch ein voller Erfolg wurde.

Rapunzel brachte zum Beispiel Futter für die Rentiere aus ihrem Garten. Das waren ein paar leckere Möhren und viel grüner Salat. Die Rentiere freuten sich und waren zufrieden. Heute müssen sie an einer offiziellen Rentiertankstelle Futter fassen. Das verschlingt fast ein Drittel des gesamten

Weihnachtsetats, denn zweimal ist bereits in letzter Zeit die Ballaststoffsteuer heraufgesetzt worden. Gern würde der Weihnachtsmann wieder Rapunzels Salat verfüttern, aber den muss sie nun allein essen, denn Rentiere dürfen nur noch bleifrei betankt werden.

Die Geschenke hatte der Weihnachtsmann mit Rudis Hilfe auf den Schlitten geladen. Früher hatte Schneewittchen immer ein paar Zwerge geschickt, wenn etwas einzupacken, aufzuladen oder umzuräumen war. Zwerge sind ja ein eigenartiges Völkchen. Sie sind von Osten, von hinter den sieben Bergen, in das Märchenland eingewandert. Natürlich behaupten sie, schon immer zu den Märchen gehört zu haben, aber man weiß, dass ihnen höchstens ihre Oma früher Märchen vorgelesen hatte. Doch weil sie einstmals so fleißig waren und Silber im Bergbau gewannen, außerdem Schneewittchen geholfen hatten, ließ man sieben von ihnen ins Märchenland ziehen. Damals ahnte keiner, dass sie ihre Großfamilien nachholen würden, weshalb heute an manchen Stellen schon mehr Zwerge als Märchenfiguren leben.

Wie gesagt, früher wurden die Zwerge immer zum Helfen von Schneewittchen geschickt. Aber seit Schneewittchen Königin geworden war kümmerte sie sich kaum noch um die Alltagsprobleme der Märchenlandbewohner und die Zwerge wollten auch nicht mehr jede Arbeit machen, jedenfalls nicht, wenn diese nicht gut bezahlt würde.

Übrigens ist Schneewittchen nicht mehr Königin. Nach den vielen Mordanschlägen, die sie ja fast das Leben gekostet hatten, war Schneewittchen nicht mehr die alte; nicht mehr die immer freundlich lächelnde Prinzessin mit den schwarzen Haaren, dem roten Mund und den weißen Klamotten. Es konnte schnell vorkommen, dass einer ihrer Untertanen plötzlich ihren Zorn zu spüren bekam und des Landes verwiesen wurde, nur weil er Widerworte gegen sie verwendet hatte. Auch hatte man manchmal den Eindruck, dass Schneewittchen nicht mehr ganz durchsah in ihrem Reich. Das lag bestimmt an dem verseuchten Apfel, der ihr einst im Hals stecken blieb. Und eigentlich war sie sowieso nicht mehr tragbar. Denn die vielen Jahre bei den Zwergen hatten sie etwas verdorben. Zwerge waren es gewohnt, an die kleinen Leute zu denken, sie hielten zusammen und gingen sogar einer richtigen Arbeit nach. Gold und Silber, das sie schürften, mussten sie zwar verkaufen, aber jeder hatte genug zum Leben. Und wenn doch mal einer Sehnsucht hatte, aus dem Wald und vor die sieben Berge zu reisen, da erinnerten sie ihn daran, dass dort die böse Stiefmutter von Schneewittchen lebte und es also dort nur schlechter als bei ihnen sein konnte. Und weil Schneewittchen nicht vergessen wollte, dass es bei den Zwergen auch ganz schön gewesen war, wenn auch etwas klein und manchmal stickig, dufte sie nicht weiter regieren.

Als Ersatz fand man Dornröschen. Dornröschen war bekanntlich eine selbstbewusste, etwas dominante Frau ohne Vergangenheit. Dornröschen war plötzlich da. Keiner weiß so richtig, woher sie kam. Man erzählte sich, sie hätte hundert Jahre geschlafen. Auch wenn das nur ein Gerücht war, in der Vergangenheit hatte niemand etwas von ihr gehört, vielleicht waren es auch nicht hundert sondern nur vierzig Jahre Schlaf gewesen. Richtig war allerdings, dass Dornröschen bei ihrer Geburt von zwölf guten Feen mit guten Eigenschaften ausgestattet wurde, weshalb sie eigentlich so ziemlich alles konnte und beherrschte. Es soll auch eine böse Fee dabei gewesen sein. Wofür die zuständig war, weiß ich aber nicht.

Überhaupt bin ich jetzt etwas abgedriftet mit meiner Geschichte. Aber das kommt davon, wenn man sich jedes Jahr etwas Neues ausdenken muss, da ist man froh, wenn die Zeilen voll werden.

Der Weihnachtsmann ist also früher mit seinem vollgeladenen Schlitten und den Rentieren davor über den Himmel zu den auf die Bescherung wartenden kleinen und großen Kindern geflogen. Abgesehen davon, dass er nun aufpassen muss, nicht mitsamt seiner Fuhre in das Ozonloch zu stürzen, es lohnt sich auch nicht mehr, mit den Schlitten zu kommen. Warum soll er denn nur die braven Kinder in Österreich, der Schweiz, Südtirol und Oberbayern beschenken? Ein paar günstige Ostprodukte könnte er doch auch über Brandenburg abwerfen. Nur, dass hier kaum Schnee liegt.

Es gehört zu den ungeklärten wissenschaftlichen Rätseln der Menschheit, warum die allgemeine Klimaerwärmung ausgerechnet immer im Winter stattfindet. Früher war es so kalt, dass wir vor Weihnachten immer den Tiefkühlschrank abtauen und den Inhalt auf dem Balkon zwischenlagern konnten. Noch früher hatten wir nicht mal einen Tiefkühlschrank.

Dabei stimmt es nicht, dass man das Wetter nicht beeinflussen kann. Meteorologen in ihrer Hilflosigkeit behaupten dies ja. Nein, nein, die Meteorologen haben das Wetter nur verschieden interpretiert, es kommt aber darauf an, es zu verändern! Den Spruch kennen auch nur noch die, die früher schon gelebt hatten, was man heute nicht mehr zugegeben darf. So wie unsere Bundeskanzlerin. Und was macht sie?

Als es eines Jahres im April und Mai plötzlich so heiß wurde, dass die Betreiber von Tropical Islands schon davon träumten, ganz Brandenburg aufzukaufen und einen Sahara Erlebnispark daraus zu machen, da handelte Frau Merkel. Geschwind rief sie den G8-Gipfel nach Heiligendamm an die Ostsee ein, wo die Sonne, wenn sie denn scheint, besonders tückisch durchs Ozonloch blinzelt. Dann erzählte sie allen, wie schlimm es wäre, wenn jetzt immer die Sonne schiene, und prompt hatten wir einen saumäßigen Sommer. Der ganze Urlaub kühl und regnerisch! Kein Mensch weiß, wie sie das gemacht hat, aber wenn sie das im nächsten Jahr umgekehrt hinbekommt, also im Winter kalt und im Sommer heiß, dann sollte man sie vielleicht doch wiederwählen. Zumindest aus weihnachtstechnischer Sicht.

Kommen wir zurück zu den Problemen des gegenwärtigen Weihnachtsfestes. Es sieht blöd aus, aber eine andere Lösung gibt es wohl in absehbarer Zeit nicht: Der Schlitten das Weihnachtsmanns fährt auf Rädern. Fliegen kann er natürlich nur auf Kufen, deshalb zuckelt er halt, so schnell Rudi und sein Team laufen können, die Märchenlandstraße entlang. Ich weiß nicht, ob jemand Rudi schon mal hat schnell laufen sehen, jedenfalls musste der Weihnachtsmann beizeiten losfahren. Unter die Straße hatten übrigens der Mäusekönig und seine Leute aus dem russischen Nussknackermärchen einen Krötentunnel gegraben, damit dem Froschkönig nichts passierte. Der war zwar jetzt nicht unterwegs, aber zu Ostern konnte man ihn gut zum Bergen der nicht gefundenen goldenen Eier einsetzen.

Offiziell waren die Tunnel natürlich von einer einheimischen Firma gebaut worden. Die hatte den Zuschlag bei der öffentlichen Ausschreibung aber nur erhalten, weil sie wegen der schwarzen Mäuse aus Osteuropa die Preise niedrig halten konnte. Im Märchen geht das.

Apropos Märchen: Den Weihnachtsmann habe ich auf den Weg geschickt. Bis zum 24. Dezember schafft er es zu euch, zum Glück gibt es das Tempo-130-Limit ja noch nicht. Die Märchenfiguren sind mit sich selbst beschäftigt. Einige sind auch weg gezogen. Rotkäppchen fühlt sich zum Beispiel in der Lausitz viel sicherer, weil hier, wenn wirklich mal ein Wolf auftaucht, der entweder überfahren oder von einem Tierfreund erschossen wird. Hans im Glück ist inzwischen „Best-Seller" bei „ebay" und verkauft Rolex-Uhren aus Marokko.

Der gestiefelte Kater ist Unternehmensberater geworden. Einige Jahre hat er aus einigermaßen funktionierenden Betrieben im Osten in kurzer Zeit kleine graue Mäuse gemacht, die dann nur noch gefressen werden mussten. Heute treibt er sich als D-Promi auf irgendwelchen Partys herum, weil er mal einen „Herrn Grafen" gekannt hatte.

Frau Holle wurde durch eine vollautomatische Schneekanone ersetzt, die leider meist kaputt ist, weshalb es auch so wenig schneit. Frau Holle selbst fand Kontakt zum Verein „fremdes Leid ist unser Glück“, der damit Geld verdient, die Arbeitslosenstatistik zu frisieren. Durch ihn wurde sie an das Dänische Bettenlager vermittelt, wo sie jetzt für 1,50 Euro die Stunde die gleiche Arbeit macht, mit der sie früher ihren Lebensunterhalt verdiente.

Völlig herunter gekommen ist allerdings das tapfere Schneiderlein. Nach einer kurzen Ehe mit der Königstochter, die nach wenigen Jahren und zwei möglicherweise vom Schneiderlein stammenden Prinzen geschieden wurde, musste er seiner einstmals Holden und deren Bälgern Unterhalt zahlen. Das hat ihm sprichwörtlich das Genick gebrochen, denn die Produktion von Damen- und Herrenkonfektion, sein eigentlicher Beruf, wurde komplett nach Fernost verlagert. Das Bekämpfen von Riesen und Einhörnern wurde ihm untersagt, ersteres wegen des Antidiskriminierungsgesetzes, Riesen zählen als Randgruppen, zweitens wegen des Artenschutzes, denn sollte man noch ein Einhorn finden, dann wäre es vom Aussterben bedroht. So fängt es höchstens noch mal ein Wildschwein, wenn sich dieses auf einen Friedhof, in einen Kleingarten oder ein Parkanlage verirrt. Davon kann man jedoch nicht leben, weshalb das Schneiderlein sehr traurig ist, das es früher so ein Fliegenfänger war.

Wenigstens Rumpelstilzchen geht es gut. Es wurde Konkursverwalter und alle Welt ist begeistert, dass es Stroh zu Gold spinnen kann, auch wenn so manches Landeskind dabei den Kürzeren zieht.

Also, Weihnachten wird in diesem Jahr stattfinden können. Die Märchenfiguren habe ich einigermaßen untergebracht. Ihr wisst, was aus allen geworden ist und könnt deshalb ruhig schlafen. Wenn doch nicht, dann ist es allerdings nicht meine Schuld. Ich habe mir jedenfalls Mühe gegeben, euch jedes Jahr etwas Kluges zu erzählen. Denn jedes Märchen hat eine Moral und eine Grundaussage. Die Moral ist: Jeder ist seines Glückes Schmied. Die Grundaussage ist: Am Ende siegt immer das Gute.

Wenn ihr das gelernt habt, dann kann euch nun nichts passieren. Falls wenigstens das kein Märchen ist.

Das nächste Märchen ist zu einem konkreten Anlass entstanden. Am Carl-Thiem-Klinikum, einem großen Krankenhaus in Cottbus, gibt es ein sogenanntes Elternhaus der RonaldMcDonald Stiftung. Dort können Eltern und auch Geschwister eine Weile leben, wenn ein Kind in stationäre Behandlung muss. Auf diese Weise sind sie ihrem Kind in dieser schweren Zeit immer nah, können es trösten und auch ein wenig ablenken. Eine Einrichtung, die man unbedingt unterstützen muss.

Ich war zu einem Jahresempfang in eben diesem RonaldMcDonald Haus eingeladen und wollte nicht mit leeren Händen kommen. Deshalb schrieb ich diese Geschichte, die ich dort vortrug. Damals hatte ich auch gerade soziale Medien entdeckt und war ehrlich gesagt erschüttert, welche menschlichen Abgründe sich dort in manchen Kommentaren auftaten. Die „postfaktischen Tatsachen" wurden zum Synonym für Lügen und Falschmeldungen.

Nun ja, auch das habe ich natürlich verarbeitet. Aber im Wesentlichen sollte es ein Beitrag für die Gäste im Elternhaus, allesamt Spender für diese Einrichtung, sein. Vielleicht ist mir der Schluss ein wenig sentimental geraten. Tatsächlich hatten einige der Zuhörer am Ende ein kleines Tränchen im Auge. Aber zu Weihnachten darf man doch auch mal sentimental werden.

Ein postfaktisches Märchen

Es war einmal, so fingen früher die Märchen an, und da wusste man, es ist halt so, es war einmal. Heute kann man sich bei den Märchen da nicht mehr so sicher sein, zum einen, ob sie wirklich vorbei sind und zum anderen, ob es sich wirklich um Märchen handelt. Beziehungsweise ob behauptete Tatsachen in Wahrheit Märchen sind. Und da merken Sie schon, geneigte Damen und Herren, es wird schwierig. Gut, die Begrifflichkeit hat sich vielleicht ein wenig geändert. Aber der Sinn des Märchenerzählens ist eigentlich noch der gleiche wie vor hunderten Jahren.

Heute heißt so etwas „Postfaktische Tatsachen". Das klingt schon mal moderner. Aber so wie früher verknüpfen die modernen Märchen das, was die Leute wissen mit dem, was sie glauben zu wissen und dem, was sie nicht wissen. Und schon entsteht eine Geschichte, die man zum Beispiel auf einer öffentlichen Veranstaltung dem staunenden Publikum zum Besten geben kann. Früher hieß eine solche Veranstaltungen „Jahrmarkt", heute heißt sie zum Beispiel „Gala". Doch der Zweck ist der gleiche: Die Leute für Geld zu belustigen. Oder man lässt das mit dem Geld und macht es für sein Ego, zu Hause ganz allein, vom Computer aus.

Aber ich verfalle ins Theoretisieren. Werden wir konkret. Der Wolf frisst heute keine Großmütter mehr, zumindest kennt man keinen aktuellen Fall, aber das ein oder andere Geißlein würde er schon nicht verachten. Tut er auch nicht. Auch nicht das ein oder andere Lämmlein. Deshalb würde der ein oder andere Jäger auch heute gern wieder einmal drauf halten, wenn ihm ein Wolf vor die Flinte läuft. Und vielleicht tut er es auch, wer weiß?

Oder nehmen wir Dornröschen. Hundert Jahre schlafen, dafür braucht man heute keinen adligen Nachwuchs mehr. Das kriegen gestandene Mannsbilder auch heute noch hin. Man muss sie nur in den Aufsichtsrat für den Berliner Flughafen berufen…

Schön ist auch das Beispiel vom Rumpelstilzchen. Gut, Stroh zu Gold spinnen, das hat schon lange keiner mehr gemacht. Aber der umgekehrte Weg wird schon lange erfolgreich bestritten. Wobei ich jetzt nicht schon wieder beim BER landen will, das geht ja sowieso nicht. In Cottbus zum Beispiel hat man Mitte der neunziger Jahre die Berliner Straße aufwendig saniert und die vormals eingleisige Straßenbahntrasse zweigleisig verlegt. So entstehen keine Staus mehr, wenn die Straßenbahnen ins Depot fahren. Als die Sanierung fertig war, hat man das Depot in der Berliner Straße geschlossen und im Norden eine neues gebaut. Upps.

Hoch aktuell ist auch das Märchen vom Hans im Glück. Das ist der mit dem Goldklumpen, der verschiedene Leute trifft, immer wieder von denen überzeugt wird, wie vorteilhaft es wäre, zu tauschen. Und am Ende hat er nichts mehr. Goldklumpen gegen nichts. Mieses Geschäft, meinen Sie, aber Ihnen könnte das nicht passieren? Sie kennen den Enkeltrick und würden sich nicht hereinlegen lassen? Aha. Von wann ist doch gleich Ihre Lebensversicherung? Auf wie viel Geld haben Sie in Ihrem Leben bisher verzichtet, damit es gut verzinst im Alter bei Ihnen ankommt? - Muss ich weiter sprechen?

Ja ich weiß. Das sind alles alte Märchen, die aber heute noch aktuell sind. Aber das sind eben keine postfaktischen Tatsachen, wie sie heute erfunden werden, um Lügen und Gerüchte zu verbreiten. Stimmt. Heute braucht man auch keine Märchenerzähler mehr oder Leute, die von Haus zu Haus gehen, sich Märchen erzählen lassen und sie aufschreiben, um sie der Nachwelt zu erhalten.

Heute haben wir Facebook und das Internet. Und dort verbreiten sich Gerüchte, üble Nachrichten, aber auch Unwichtigkeiten und Banalitäten in Windeseile, erreichen Millionen Menschen, reißen sie in ihren Bann oder machen sie fertig, lassen den Blutdruck anschwellen und oft, einsam mit einer Flasche Seelentröster am heimischen PC, jede gute

Umgangsform und Menschlichkeit vergessen.

Da gibt es einige wenige, die versuchen sachlich zu bleiben, die vermitteln wollen oder einfach nur aufklären. Und die werden dann gnadenlos beschimpft, niedergeschrien und beleidigt vom Mob Anonymität.

Selber Schuld, meinen Sie, wer sich darauf einlässt.

So einfach ist das leider nicht. Klar, es gibt die harmlosen Idioten, die nicht glauben können, dass die Erde eine Kugel ist oder dass Düsenflugzeuge harmlose Kondensstreifen nur bei bestimmten Wetterlagen erzeugen. Es gibt sogar Leute, die glauben, dass die Amis das Mondgestein im eigenen Chemielabor erzeugt haben, oder dass die Nazis am Südpol in Neuschwabenland oder hinterm Mond leben. Was quatsch ist. Hinter dem Mond, na ja, metaphorisch kann man darüber diskutieren, aber was sollen sie am Südpol? Denen geht es doch hier, mitten unter uns, viel besser.

Was ist aber, wenn das Geschwurbel nicht so harmlos ist? Wenn die Opfer ganz andere sind, die wirklich nicht dafür können? Zum Beispiel Kinder von Impfgegnern, die glauben, ihre Kinder werden allein von Mutter Natur immun gegen schwere Krankheiten, die noch vor hundert Jahren ganze Völker dezimierten. Nur weil sie selbst immun sind gegen vernünftige Argumente. Sie wissen, dass Impfstoffe in großen Mengen Quecksilber enthalten, dass sie Autismus auslösen können oder schwere lebenslange Missbildungen. Woher sie das wissen? Nicht weil sie irgendwelche klinischen Tests gelesen haben. Sie haben Facebook studiert, dort Artikel dazu gefunden, die ihre Einstellung belegen. Nicht nur einen Artikel, viele, viele findet man, wenn man nur finden will – im Internet. Dort steht die wirkliche Wahrheit. Nicht bei Ärzten und Wissenschaftlern und schon gar nicht bei den Pharmakonzernen, die wollen alle nur Geld verdienen, indem sie die Menschheit dezimieren.

Neulich wurde mir über Facebook ein Filmchen geschickt, auf denen ein offenbar überforderter Arzt versuchte, ein schreiendes Kind zu impfen. Und die Betroffenheit ausdrückenden Kommentare darunter waren: „wie schrecklich, das arme Kind“ oder „wie kann man seinem Kind nur so etwas antun“ bis hin zu der Zuspitzung „Verbrecher!“.

Ich hatte kein Bild von einem Kind, das an Masern oder einer anderen vermeidbaren Kinderkrankheit litt oder gar gestorben war, nur weil die eigenen Eltern oder die Eltern eines anderen Kindes in der Kita das Kindes glaubten, die wirkliche Wahrheit zu kennen.

Und daran erkennen Sie den Unterschied zwischen einem historischen Märchen und einer postfaktischen Tatsache. Wenn es schlimm um Kinder steht, dann muss die Handlung umschwenken, dann braucht es ein retardierendes Moment. Vielleicht nicht gleich so radikal wie bei Hänsel und Gretel.

Aber stellen Sie sich vor, so ein schwerkrankes Kind, und das kann es trotz Impfungen immer wieder geben, weint sich im Krankenhaus in seinem Bettchen in den Schlaf, weil Mama zwar eben „Gute Nacht" gesagt hat, aber morgen bestimmt nicht mehr da ist. Denn sie ist durch die Tür hinausgegangen. Und wenn das Kind früh erwacht, wer ist da eben doch am Bettchen und sagt „Guten Morgen" und gibt eine Küsschen? - Mama. Warum sie das tat? Weil sie wusste, wie wichtig Nähe und Vertrautheit für die Genesung eines kleinen Kindes ist. Und warum konnte sie das? Weil Sie und Sie und die vielen anderen Leute und ich auch ein bisschen etwas dafür getan haben, dass es möglich ist. Klingt wie im Märchen, nicht wahr? Ist aber wahr. Also ein ‚Postfaktisches Märchen'. Das hört sich aber irgendwie nicht schön an.

Gibt es nicht ein anderes Wort dafür? Wie wäre es mit „Menschlichkeit"?

Das folgende ist eine hübsche Vorlesegeschichte. Sie ziehen dabei schnell die Buhrufe der anwesenden Damen auf sich, aber wenn die Stimmung passt, dann meinen diese das nicht böse, sondern können ebenfalls lachen.

In einer Zeit, wo das sogenannte „Gendern" die deutsche Sprache verschandelt, so dass sie nicht mehr vorlesbar ist, muss man einfach mal gegenhalten. Viele Leute halten ein Sternchen mitten im Wort ja für emanzipatorisch und schreiben „HähnchenInnenfilet" statt „Hühnerfilet". Dabei lassen sie völlig außeracht, dass sich Gleichberechtigung im täglichen Leben ganz anders zeigen kann, zum Beispiel bei der Besetzung lukrativer Aufsichtsratsposten in DAX-Unternehmen. Und das das grammatische Geschlecht in der deutschen Sprache nur selten mit dem natürlichen Geschlecht übereinstimmt. Nun gut, es heißt der Mann und die Frau. Aber schon beim Mädchen wird es schwierig.

Warum heißt es „die Herrensocke" aber „der Damenschlüpfer"? Die Sprachexperten werden jetzt sagen, weil die Socke weiblich und der Schlüpfer männlich ist. Aber warum ist das so? Oder nehmen wir Tiere. Warum ist der Elefant männlich und die Giraffe weiblich? Und diskriminiert es nicht einen weiblichen Elefant oder eine männliche Giraffe?

Ich glaube, denen ist das ziemlich egal. Genauso wie den Flüssen. Warum sagt man „die Elbe", aber „der Rhein"? Und wie hält man es eigentlich in anderen Sprachen? Gibt es da auch diesen Krampf?

Manche versuchen ja, das Gendern zu umgehen, indem sie das Partizip I substantivieren. Da werden dann aus Studenten und Studentinnen einfach „Studierende". Aber so einfach ist das nicht. Studierende sind es nämlich nur, wenn sie gerade studieren. Denn das Partizip I drückt Gleichzeitigkeit aus bzw. eine im Moment stattfindende Tätigkeit. Und deshalb ist das Wort „Studierende" auch nicht immer berechtigt, denn manchmal sind es auch Laufende, Fernsehende oder einfach nur Schlafende.

Solche Vergewaltigungen der deutschen Sprache lehne ich ab, denn auch Schriftsprache muss lesbar bleiben. Kein Mensch weiß, wie man ein Sternchen mitten im Wort ausspricht. Verwendet man konsequent die männliche und weibliche Form, so wird leicht aus einem einfachen Satz ein Ungetüm, bei dem man am Ende kaum noch weiß, was man am Anfang gelesen hatte.

Liebe Leserinnen und Leser, stellen Sie sich vor, mehrere Klassen mit Schülerinnen und Schülern, begleitet von ihren Lehrerinnen und Lehrern, sowie einigen Horterzieherinnen und Horterziehern besuchen eine Veranstaltung, auf der Professorinnen und Professoren, Schriftstellerinnen und Schriftsteller, aber auch einfache Arbeiterinnen und Arbeiter über ihre berufliche Tätigkeit berichten.

Ist das schön? Mit einem Gendersternchen wird es zwar kürzer, aber nicht lesbarer. Und schließt wirklich jemand aus, dass es auch weibliche Professoren gibt? Und ist das politisch korrekt eine Frau Professor oder Frau Professorin?

Ich glaube, es gibt wichtigere Probleme. Aber eins ist trotzdem sicher. Weihnachtsfrauen gibt es nicht.

Weihnachtsfrauen gibt es nicht

Es gibt einen Weihnachtsmann und keine Weihnachtsfrau, das steht erst einmal fest, auch wenn hin und wieder etwas anderes behauptet wird. Damit haben wir eine der letzten männlichen Domänen, denn vieles, was vorher den Männern vorbehalten war, eigneten die Frauen sich zwischenzeitlich an. Ich möchte da nur an solch sportliche Fragwürdigkeiten erinnern wie Frauenboxen, Frauenfußball oder Frauengewichtheben. Aber auch beim Biertrinken, Skat spielen oder Fußballgucken mischen Frauen sich ein.

Die Krönung war jedoch, als bei meinem letzten Urlaubsflug eine weiblicher Pilot (gibt es von diesem Wort eigentlich eine offizielle weibliche Form), also als ein weiblicher Pilot Chef im Cockpit spielte. Zum Glück brauchte sie nur geradeaus durch die Luft zu fliegen. Nach dem Landen stand damals ein Mann auf dem Rollfeld und winkte, damit die Dame vorn auch wusste, wie sie das Lenkrad, oder wie man das im Flugzeug nennt, einschlagen müsse, damit wir einigermaßen in der Nähe des Landeterminals ankamen. Natürlich war das Landeterminal noch weit entfernt, so dass sie sogar einen Bus chartern mussten, um uns dahin zu bringen. Beim Rückflug hatten wir dann wieder einen Mann im Cockpit, und siehe da, der parkte den Flieger in Dresden so geschickt, dass wir direkt aus dem

Flugzeug ins Abfertigungsgebäude laufen konnten, ohne die Rollbahn zu betreten.

Ich habe mich jetzt ein wenig ablenken lassen, aber das ist ein Thema, bei dem ich mich immer aufregen könnte. Frauen wollen sein wie Männer, nur besser. Als ob sich jemals ein Mann danach gedrängt hätte, eine Waschmaschine zu programmieren. Gut es gibt Frauen, die wollen im Rahmen der so genannten Gleichberechtigung ihre Männer zu solch erniedrigenden Handlungen treiben. Aber mir ist es mit Hilfe einer roten Socke zwischen den weißen Dessous gelungen, meine Frau von solchen Gedanken abzubringen. Nein, Männer sollen Männer bleiben und Frauen Frauen! Warum hätte sich sonst der liebe Gott oder, je nach weltanschaulicher Bindung, Charles Darwin, solche Mühe mit dem kleinen Unterschied geben sollen?

Ich behaupte also, dass es keine Weihnachtsfrau gibt, sondern dass dieser Job nur von einem gestandenen Mannsbild bewältigt wird. Stellen wir uns doch einmal vor, der Weihnachtsmann wäre in den Stand der Ehe getreten oder hätte zumindest in einer heterosexuellen Lebensabschnittsgemeinschaft gelebt, wobei das sexuelle hier nur eine untergeordnete Rolle spielen soll, denn es ist Weihnachten und vielleicht hören Kinder oder ältere Menschen zu. Undenkbar, dass die Frau Weihnachtsmann ihren Gatten hätte allein auf Bescherungstour fahren lassen. Eine Woche zum Angeln nach Schweden oder drei Tage Baggerfahrerlehrgang für Amateure im Tagebau Welzow-Süd, da hätte er ziehen dürfen und sie wäre mit einer Freundin zur Wellness in eine Therme gefahren. Aber eine Weltreise hätte sie den Weihnachtsmann nie allein antreten lassen. Da wollte sie auf alle Fälle mit.

Natürlich hätte sich die Frau Weihnachtsfrau, oder Frau Weihnachtsmännin, oder die Weihnachtsfrau, also allein daran, dass es so schwierig ist, eine richtige Bezeichnung für sie zu finden, wird klar, dass es sie niemals gegeben haben kann. Also die Frau vom Weihnachtsmann hätte sich natürlich auf diese Reise zu Heiligabend gründlich vorbereitet. Auch der Weihnachtsmann selbst hatte zu tun. Er musste immerhin einen ganzen Sack voller Geschenke fertig machen, die Rentiere füttern und den Schlitten überprüfen. Auch wenn der Weihnachtsmann hin und wieder dabei Hilfe von seinen Zwergen oder Wichteln bekam, die meiste Arbeit musste er selbst machen.

Früher hatte er eigene Angestellte, die sogenannten Elfen. Das waren hochqualifizierte und gut bezahlte Fachkräfte, die etwas vom Weihnachtsgeschäft verstanden. Aber das gut bezahlt war das Problem. Und so versuchte der Weihnachtsmann Ressourcen zu sparen, entließ die Elfen und ersetzte sie durch Zwerge, die gerade günstig zu bekommen waren.

Die Zwerge, das muss man wissen, sind so kleinwüchsige Menschlein, die, falls die Brüder Grimm nicht gelogen haben, früher mal im Bergbau arbeiteten. Das mit dem Bergbau hatte sich aber erledigt, als die Grünen dagegen protestierten. Diese fanden nämlich heraus, dass durch das Schlagen mit der Spitzhacke gegen die Felswände der kleinfüßige weißblaue Grottenolm in seiner Verdauungsruhe gestört wurde, was sich nachteilig auf die Fortpflanzung des Olms auswirkte, weil nun das männliche Tier wegen des Schlafmangels bereits vor dem Begattungsakt einschläft und nicht erst hinterher, jedenfalls wenn kein Zwerg klopfte. Die Larven des kleinfüßigen blauweißen Grottenolms wurden sonst immer zu Tausenden durch die Bergquellen ins Freie gespült und bildeten hier die wichtigste Nahrungsgrundlage des spitzrückigen Wiesenheimchens, dass seinerseits wegen permanenten Hungers ebenfalls keine Lust zur Paarung mehr verspürte und deshalb mit seinem eigenen Aussterben drohte. Dadurch bestand aber nun die Gefahr, dass der kurzgrannige Bergwiesenhafer, der ebenfalls gern vom spitzrückigen Wiesenheimchen verzehrt wurde, sich unkontrolliert ausbreitete und damit das Apostelschnepfenkraut aus seinem Lebensraum verdrängt hätte, welches wiederum die Apostelschnepfe benötigt...

Ich kürze etwas ab. Jedenfalls erkennt man, dass durch den Bergbau, den die Zwerge betrieben, eine

Naturkatastrophe ungeahnten Ausmaßes drohte. Man wollte also die Apostelschnepfe nicht den Jobs einiger tausender Zwerge opfern und stellte den Bergbau ein. Das fiel umso leichter, als man annehmen konnte, dass die Zwerge ob ihrer Kleinwüchsigkeit garantiert als Schwerbeschädigte anerkannt würden. Und jeder Arbeitgeber war verpflichtet, solcherart Arbeitnehmer bevorzugt einzustellen und die entsprechenden Fördergelder abzufassen. Die Entlassung schwerbeschädigter Mitarbeiter funktioniert trotz aller gesetzlichen Barrieren auch ganz gut, wie die Praxis zeigt. Damit konnte man den Zwergen damals Mut machen, denn wie wir von den Herren Hundt und Rogowski wissen, werden umso mehr Arbeitsplätze geschaffen, je einfacher man den Inhaber einer solchen Stelle wieder los werden kann.

Aber wie so vieles, was die genannten Herren an scheinbar klugen Dingen sagten, es funktionierte in der Praxis nicht. Plötzlich gab es einige tausend arbeitslose Zwerge und keiner wusste, wo die herkamen. Und da auch keiner wusste, wie man sie wieder los wurde, entwickelte man eine ganze Reihe merkwürdiger Dinge und nannte sie, „Arbeitsmarktinstrumente“. Und damit bin ich wieder beim Weihnachtsmann.

Die Gemeinnützigkeit des Weihnachtsmannes ist ja heute allgemein anerkannt. Er gilt als so eine

Art „Sozialpädagoge" des Jahresendes. Also wenn der Weihnachtsmann irgend so eine Rotzgöre, mit deren Ganztagsbetreuung sogar die Supernanni überfordert wäre, also wenn der Weihnachtsmann so einen verhaltensgestörten Brutus fragt, ob er immer artig gewesen sei und der nickt, dann glaubt ihm der Weihnachtsmann, dann schenkt er ihm vielleicht sogar noch was. Und wer so mit Kindern umgehen kann, der muss auch mit Zwergen klar kommen, die sind doch auch klein.

Also schuf man zur Unterstützung des Weihnachtsmannes viele kleine Ein-Euro-Jobs für die kleinen Männer, damit der Weihnachtsmann sich nicht mehr so plagen musste. Das ging eine Weile auch ganz gut, aber bald schon gab es Schwierigkeiten. Einige der Zwerge kamen nicht mehr zur Arbeit oder nur sehr unregelmäßig, weil sie es seelisch nicht verkrafteten, dass sie einerseits die Wohlstandsgeschenke fremder Leute tagtäglich einpacken mussten, andererseits nach einer Woche schuften die Wahl hatten, ihren nun erhaltenen Lohn in einen halbwegs vorzeigbaren Weihnachtsbaum oder in eine Wochenkarte für die örtlichen Nahverkehrsmittel zu investieren. Öfters fielen auch Zwerge aus, weil sie bei einem Bildungsträger qualifiziert wurden. Allerdings nicht im Päckcheneinpacken, sondern in Textverarbeitung. Das war sehr wichtig, damit die Zwerge, wenn sie schon keine schöne Arbeit hatten, wenigstens schöne Bewerbungsunterlagen anfertigen konnten. Am schlimmsten war es mit denen, die beim Bewerbungstraining nicht geschlafen hatten. Die hatten sich nämlich den Satz eingeprägt „Man darf sich nicht unter Wert verkaufen!".

Es funktionierte also nicht so richtig mit den Zwergen statt der teureren Elfen, aber wer gute Arbeit will muss sie eben auch bezahlen. Diesen Zusammenhang wollte der Weihnachtsmann aber lange nicht verstehen und der Satz von ihm: „Ich weiß gar nicht mehr, was ich machen soll!", wurde gerade in der Vorweihnachtszeit zu seiner meist gebrauchten Redewendung.

Der Weihnachtsmann war also voll beschäftigt mit seinen Vorbereitungen für die Bescherungstour. Und was hätte Frau Weihnachtsmann in dieser Zeit getan? Ich nenne sie jetzt einfach mal „Frau Weihnachtsmann" denn die Frau von Herrn Zimmermann ist schließlich auch nicht „Zimmerfrau".

Ich glaube Frau Weihnachtsmann hätte in der Zeit gepackt. Keinen Geschenkesack, sondern ein paar persönliche Kleinigkeiten für die Reise. Ihrem Mann genügt ja der rote Mantel und ein bisschen was drunter, das trägt er sowieso am Leib. Aber sie als Frau braucht ein paar Kleinigkeiten mehr. Mindestens einen warmen Mantel für polare und subpolare Regionen, den Übergangsmantel für Europa, dazu natürlich jeweils passende Schuhe, Hose oder Rock, das entscheidet sie noch, packt aber zur Vorsicht beides ein. Auch in Afrika feiert man Weihnachten, da benötigt sie ein leichtes T- Shirt, oder besser zwei, falls man zu sehr schwitzt, besser noch eins zur Reserve, kurze Hosen und Sandalen. Das kleine Schwarze nimmt sie auch mit, falls die Bescherung nicht in aller Heimlichkeit sondern im festlichen Rahmen stattfindet, da braucht sie aber die Häkelstola, weil das Rückendekolleté sonst vielleicht für diesen Anlass etwas zu gewagt ist. Es kommt jedenfalls einiges zusammen. Am Ende überschreitet das Gewicht des kleinen Handgepäcks mit Sicherheit das des Geschenkesackes um ein Vielfaches. Und Rudolf, das Rentier würde sich weigern loszutraben wegen der akuten Gefahr, dass der Schlitten Übergewicht bekommt und abstürzt. Da aber die Zeit inzwischen drängt, würde der Weihnachtsmann wohl eher den Geschenkesack stehen lassen, als mit seiner Frau über das notwendigste beim Handgepäck zu diskutieren. Damit wäre der Zweck dieser Dienstreise aber hinfällig und Weihnachten könnten wir vergessen.

Um mich aber nicht der Frauenfeindlichkeit bezichtigen zu lassen bin ich gern bereit, auch den hypothetischen Fall durchzuspielen, das Handgepäck wäre übersichtlich und der Schlitten startet. Niemals könnte die Bescherung mit einer Frau im Schlitten funktionieren. Der Weg ist lang und die Zeit kurz. Kennen Sie den Spruch „Schatz, rase nicht so!"? Dann wissen sie, was passieren würde.

Und wenn der Weihnachtsmann irgendwann genervt die Zügel seiner Frau übergeben würde, dann gäbe es zwar kein Halten mehr, aber wer weiß, wo dann die Geschenke hingebracht würden.

Jetzt müssen Sie, meine Damen, nicht so beleidigt gucken. Mein Anliegen ist es doch nur ein paar wissenschaftliche Argumente aufzuwerfen, warum es keine Weihnachtsfrau geben kann. Sie würde einfach die Bescherung nicht schaffen. Rein zeitlich meine ich. Der Weihnachtsmann kann es sich eben nicht leisten, auf jeder Autobahnraststätte die Toilette aufzusuchen und sich dann dort in einer endlosen Schlange anzustellen. Der Weihnachtsmann kann auch nicht jeden Geschenkeempfänger in ein halbstündiges Gespräch ziehen, ein kurzes „ho, ho, ho" und ein „frohe Weihnacht" muss genügen. Als Weihnachtsmann kann man es sich auch nicht erlauben, jemanden, der einen vor Jahren mal gefragt hat, ob man zugenommen hätte, ab sofort zu schneiden und von der Bescherung auf Dauer auszuschließen, das geht nicht. Der Weihnachtsmann muss es auch fertig bringen, mehrmals zum gleichen Anlass mit dem gleichen Outfit zu erscheinen. Wer von Ihnen will das schon, meine Damen?

Aber wenn Sie dann unbedingt an der Weihnachtszeremonie teilnehmen möchten, weil Sie sich sonst diskriminiert fühlen, dann lassen Sie uns Männern trotzdem den Weihnachtsmann. Suchen Sie sich eine andere Rolle. Zum Beispiel als Christkind oder Weihnachtsengel im zarten Chiffon. Denn eines werden Sie doch nicht abstreiten können: Der Bart sieht beim Mann einfach besser aus.

Es war so Mitte der 1990er Jahre, da wurden in vielen ostdeutschen Gemeinden plötzlich die Finanzen klamm. Eine Weile war das nicht weiter schlimm, aber als die Schulden in die Millionen gingen und kommunale Haushalte nicht mehr genehmigt wurden, da musste man sich in den Rathäusern etwas einfallen lassen. Im Amtdeutsch hieß das „Sparpotentiale erschließen“.

Und da wurde privatisiert, was das Zeug hielt. Privatisierung bedeutete erst einmal nichts anderes, als das Aufgaben, die vorher die öffentliche Hand übernommen hatte, nun an private Unternehmen übertragen wurde. Dadurch wurden Arbeitskräfte eingespart, die entlassen oder vom privaten Arbeitgeber übernommen wurden. Das sparte der öffentlichen Hand im großen Stil Personalkosten.

Was erst einmal klug und vernünftig klang, entpuppte sich für die betroffenen Mitarbeiter, so sie übernommen wurden, aber oft als böser Nachteil. Viele soziale Leistungen, die im öffentlichen Dienst selbstverständlich sind, fielen weg. Die privaten Unternehmen unterlagen plötzlich einem Wettbewerb, der durch die Auftraggeber im öffentlichen Bereich noch befeuert wurde. Nicht der Beste erhält den Zuschlag bei Aufträgen, sondern der Billigste. Und billig kann man nur anbieten, wenn man die Kosten, vor allem die Personalkosten, gering hält.

Ja, es ist eine traurige Geschichte. Wie soll man daraus ein lustiges Märchen machen? Urteilen Sie selbst.

Der privatisierte Weihnachtsmann

Als der Weihnachtsmann in diesem Jahr aus seinem Sommerschlaf erwachte, da war nichts wie sonst. Das war nicht das vertraute Klingeln des alten Doppelglocken-Messingweckers, was ihn da aus dem Schlaf riss. Es war ein drängelndes, schrilles Klirren, und es tönte in unregelmäßigen Abständen. Dann hörte der Weihnachtsmann ein heftiges Klopfen und eine Stimme rief: „Hallo, ist niemand zu Hause?".

Schlaftrunken rappelte sich der Weihnachtsmann aus dem Bett hoch, angelte nach seinen Filzpantoffeln und schlurfte zum Fenster. Unten stand ein Postbote und wedelte mit einem Umschlag. „Hier, ein Einschreiben für Sie", rief er nach oben. „Stecken Sie es in den Briefkasten", brummelte der Weihnachtsmann ärgerlich, weil er geweckt wurde. „Geht nicht", rief der Postbote, „ich brauche Ihre Unterschrift".

Also zog sich der Weihnachtsmann seinen rot-weißen Morgenmantel an, nahm sich seine Brille vom Nachttisch, kratzte sich unter den Achseln und am Bauch, hustete zwei- dreimal kräftig und tappte schließlich die alte, knarrende Kiefernholztreppe nach unten, um den Postboten die Tür zu öffnen. „So ein Unsinn", brabbelte er vor sich hin, „wenn ich jeden Wunschzettelbrief bestätigen müsste, dann käme ich vor lauter Unterschreiben überhaupt nicht mehr zum Geschenke austragen." Er setzte aber doch einen unleserlichen Krakel an die Stelle in der Liste, die ihm der Postbote gezeigt hatte und nahm den Brief entgegen. Sein Umschlag schimmerte bläulich und der Weihnachtsmann klemmte ihn sich unter den Arm. Dann öffnete er noch seinen Briefkasten, um die übrige Wunschpost heraus zu nehmen, aber eigenartiger Weise lagen nur drei weitere Umschläge darin. Der Weihnachtsmann schüttelte mit dem Kopf, legte die vier Umschläge auf die Kommode und ging in die Küche Teewasser aufsetzen. Dann lief er ins Badezimmer, und erledigte dort alles, was man gewöhnlich im Badezimmer tut, nachdem man erwacht ist.

Als er später am Frühstückstisch saß, staunte er immer noch über die wenige Post. Wahrscheinlich war er viel zu früh erwacht. Er schaute auf den Kalender an der Wand, aber der zeigte den 6. Januar, den Drei-Königs-Tag, den letzten Arbeitstag des Weihnachtsmannes im vorigen Jahr.

Nachdem der Weihnachtsmann einen Schluck von seinem Tee probiert hatte, öffnete er die Briefe. Sie enthielten das Übliche: Das Angebot eines Tierparks für Rentier-Leasing, ein Kreditangebot der Adventsbank (tragen Sie einfach Ihren Wunschbetrag in das Formular ein, und schon einen Tag später können Sie über das Geld frei verfügen, auch bei schlechter Auskunft, Krankheit oder Arbeitslosigkeit) und die Aufforderung des Finanzamtes, nun endlich die Einkommenssteuererklärung für das vorletzte und letzte Jahr einzureichen. Dann öffnete der Weihnachtsmann den letzten Brief, den, welchen der Postbote gerade gebracht hatte. Er faltete den Bogen auseinander und las, wobei sein Blick immer ungläubiger wurde.

„Sehr geehrter Herr Weihnachtsmann", war da zu lesen, was schon eine ungewöhnliche Anrede war. Aber dann stand dort etwas von fehlenden finanziellen Mitteln der öffentlichen Hand und dass die Kommunen zu drastischen Sparmaßnahmen gezwungen seien. Diese Entscheidung sei nicht aufgrund der fachlichen Fähigkeiten des Herrn Weihnachtsmannes gefallen und man sei ihm auch dankbar für seine bisher geleistete Arbeit. Außerdem wünsche man dem Weihnachtsmann für seinen weiteren beruflichen Werdegang alles Gute, mit freundlichen Grüßen. Unterschrieben war der Brief mit Nico Lausitz, Referatsleiter.

„Was wollen die von mir?"; fragte laut der Weihnachtsmann und las noch einmal. Und dann fand er auch den entscheidenden Satz: „Deshalb kündigen wir das mit Ihnen bestehende Dienstverhältnis zum 1. Dezember diesen Jahres aus betriebsbedingten Gründen."

Der Weihnachtsmann war fassungslos und schob erst einmal die Teetasse beiseite. Er blickte wieder und wieder auf den Brief, aber da stand groß und deutlich „kündigen wir das mit Ihnen bestehende Dienstverhältnis zum 1. Dezember“. Schließlich fasste er sich aber doch, denn er war ja der Weihnachtsmann. Und er beschloss, irgendetwas zu unternehmen.

Ja, das war der Morgen, an dem der Weihnachtsmann diesmal aus seinem Sommerschlaf erwachte. Ihr werdet euch jetzt vielleicht fragen, was denn nun aus Weihnachten werden solle, denn das fragte sich der Weihnachtsmann auch.

Vom Weihnachtsmannhaus war es nicht weit bis zur Weihnachtsmannwerkstatt. Als der Weihnachtsmann dort ankam, war er erst einmal froh, dass alles wie immer war. Wie es immer heißt, es herrschte ein geschäftiges Treiben, denn alle Zwerge waren dabei, Weihnachtsgeschenke auszuwählen, den Wunschzetteln zu zuordnen und zu verpacken. „Guten Morgen“, rief der Weihnachtsmann laut und betont fröhlich in die Runde. Leise und verhalten kam ein „Morgen“ zurück, aber die meisten Zwerge taten so, als hätten sie den Gruß des Weihnachtsmannes nicht gehört und waren weiter emsig und beschäftigt. Nur Wichtel, der Teamleiter des Zwergenteams, der früheren Fachgruppe Logistik, kam auf ihn zu und gab ihm die Hand.

„Weißt du es schon?“ fragte Wichtel und der Weihnachtsmann nickte. „Du sollst ins Büro kommen“, sagte der Zwerg und zog den Weihnachtsmann hinter sich her. Dort wäre er sowieso hingegangen, denn das Büro war der angestammte Platz des Weihnachtsmannes.

Im Büro, auf dem angestammten Platz also, saß aber schon jemand. Ein Herr mit Schlips und Anzug, sehr smart insgesamt, begrüßte den Weihnachtsmann mit einem süddeutschen Dialekt. „Grüß Gott, nehmen Sie Platz, was kann ich für Sie tun?“

„Ich bin der Weihnachtsmann“, antwortete der Weihnachtsmann und musterte misstrauisch seinen Gegenüber. „Ach der Weihnachtsmann, ja schön, Sie bringen Ihre Dienstkleidung zurück, ja danke“, sagte der smarte junge Mann und sein Ton war auf einmal sehr desinteressiert. Der Weihnachtsmann war natürlich in Zivil erschienen, also so, wie jeder von uns auf Arbeit erscheinen würde. Sein roter Mantel mit der pelzbesetzten Kapuze hing noch zu Hause im Schrank.

„Na gut, macht nichts, dann bringen Sie die eben später vorbei, einen schönen Tag noch.“ Mit diesen Worten schob der junge Mann den Weihnachtsmann wieder zur Tür heraus.

Da stand er nun vor seinem eigenen Büro und traute sich nicht, noch einmal zu klopfen. „Wie war es?" fragte Wichtel, der vor der Tür gewartet hatte. Der Weihnachtsmann zuckte nur mit den Schultern. Plötzlich war ihm klar, dass es ab jetzt ohne ihn laufen sollte. Aber verstehen konnte er es nicht. Wichtel erklärte ihm die Sache.

Das Weihnachtsfest war seit Jahrhunderten ein öffentliches Fest. Daher wurde es durch staatliche Institutionen gefördert und finanziert. Das betraf natürlich nicht die Geschenke, die mussten die Leute schon immer selbst besorgen und dem Weihnachtsmann zur Verteilung überlassen. Aber das ganze drum herum, die Betriebskosten wie Strom, Gas, Wasser, Zwergengehälter, Rentierleasing, Beitrag zur Berufsgenossenschaft, na ihr wisst schon, also alles das wurde bisher durch die Verwaltungsbehörde bezahlt.

„Ist Weihnachten nicht ein kirchliches Fest?" unterbrach der Weihnachtsmann. Das war eine rhetorische Frage, denn der Weihnachtsmann wusste natürlich, dass es so war. „Was spielt das für eine Rolle?" fragte Wichtel zurück, „die Kirchensteuer wird doch auch durch das Finanzamt eingezogen."

Jedenfalls musste die Verwaltung sparen. Und nachdem bereits unter dem letzten Bürgermeister alle Kindergärtnerinnen entlassen, das Krankenhaus verkauft, Post, Bahn und Müllabfuhr privatisiert, Theater und Kino geschlossen und Bus und Straßenbahn so teuer geworden waren, dass keiner mehr mit ihnen fahren wollte, blieb für den neuen Bürgermeister nichts mehr zu sparen übrig. Bis eben die Idee kam, das Weihnachtsfest zu privatisieren. Und das funktionierte sofort. Die Investoren standen Schlange, weil sie merkten, dass aus dem Weihnachtsfest mächtig Kapital zu schlagen war. Nur im Rathaus hatten ein paar Mitarbeiter protestiert, nämlich die aus dem Forstamt, die für die Beschaffung der im öffentlichen Verkehrsraum aufgestellten Weihnachtsbäume zuständig waren. Aber die wurden nicht mehr gebraucht und schnell entlassen.

„Wie kommt es, dass ihr noch arbeiten dürft?" fragte der Weihnachtsmann den Wichtel. „Na ja", antwortete dieser, „ein paar von uns waren in der Gewerkschaft und haben schnell einen Betriebsrat gegründet. Da hat der neue Chef zwar furchtbar geflucht und angedroht, den ganzen Laden zu schließen, aber irgendwie musste die Arbeit gemacht werden und wir sind die Spezialisten."

„Da ist es ja wenigstens für euch noch einigermaßen gut gelaufen", seufzte der Weihnachtsmann traurig. „Wie man es nimmt", seufzte nun auch Wichtel, „eine regelmäßige Gehaltsangleichung wie früher, im öffentlichen Dienst kannst du erst mal vergessen. Und Beschäftigungsgarantie gibt es lediglich für zwei Jahre, aber nur, weil wir auf jegliche Lohnforderungen in diesem Zeitraum verzichten."

„Und wer soll nun die Geschenke bringen?" fragte der Weihnachtsmann und eine leise Hoffnung schwang in seiner Stimme. Aber Wichtel holte ihn schnell auf den Boden der Tatsachen zurück. „Das ist alles schon geklärt. Wir haben Kontakt zu Zeitarbeitsfirmen, da übernehmen dann Pauschalkräfte, also Studenten oder Senioren, die Zustellung. Die werden sogar eingekleidet und sind immer noch billiger als du als Fachkraft."

Der Wichtel zeigte dem Weihnachtsmann ein riesiges Lager mit roten Mänteln, Wattebärten und Pappmasken, die wohl den Weihnachtsmann darstellen sollten, aber eigentlich zum Fürchten aussahen. Und dann erzählte er auch noch, dass die Eltern einen Rabatt bekommen, wenn Sie die Geschenke selbst überreichten oder unter den Tannenbaum legten. Die Weihnachtsbescherung kostete diesmal nämlich erstmals eine Gebühr, zuzüglich 19 Prozent Umsatzsteuer.

Da wurde der Weihnachtsmann sehr, sehr traurig. Er schlurfte mit gesenktem Kopf durch die Zwergenhalle, hatte keinen Blick für das emsige Gewusel hier, er verließ die Werkstatt und trabte langsam, langsam, zurück zu seiner Wohnung...

Oh weh, jetzt habe ich mich in dieser Geschichte festgefahren. Ich kann sie doch nicht so traurig enden lassen, denn im Märchen siegt doch immer das Gute, zumindest sollte ein Weihnachtsmärchen optimistisch enden. Also müsst Ihr noch einen Moment weiterlesen oder zuhören, denn einen optimistischen Schluss muss ich noch dranhängen.

Also der Weihnachtsmann war erst einmal sehr, sehr traurig. Irgendwann besann er sich jedoch darauf, sein Schicksal in die eigenen Hände zu nehmen. Vielleicht hatte er auch an einer Fortbildungsmaßnahme bei einem Bildungsträger teilgenommen und dort Rhetorik oder Bewerbungstraining gehabt. Jedenfalls wusste er auf einmal, dass er sein Schicksal selbst anpacken musste. Kurz entschlossen suchte er seinen ehemaligen Arbeitgeber im Rathaus auf und konfrontierte ihn damit, dass seine Kündigung rechtlich nicht zulässig sei und der Verwaltung ein Arbeitsrechtsstreit drohe, den sie nur verlieren könne und dass der einen Haufen Geld kosten würde. Der Weihnachtsmann fand dank seines Rhetorikunterrichts so gute Argumente, dass selbst der Verwaltungschef zur Überzeugung gelangte, man müsse den Weihnachtsmann wieder einstellen. Da aber alle Stellen im Rathaus besetzt waren, wurde eine neue geschaffen. Und fortan durfte der Weihnachtsmann als Amtsleiter für das Genehmigungsverfahren zur Durchführung privater Weihnachtsfeiern in an öffentlichen

Verkehrsraum angrenzenden überwiegend privat genutzten Baulichkeiten die entsprechenden Steuern verwalten. Das war kein großer Stress, nur im Dezember häufte sich der Verwaltungsaufwand etwas. Aber das war der Weihnachtsmann aus seiner früheren Tätigkeit schließlich gewöhnt.

So, damit hat das Märchen ein gutes Ende gefunden. Jetzt wollt ihr noch wissen, mit welchen Argumenten der Weihnachtsmann seinen alten Arbeitsgeber überzeugt hat? Ich glaube nicht, dass euch das etwas nützen würde. Lasst euch doch selbst etwas einfallen, wenn es euch betrifft.

Na gut, ehe hier noch einer Buh ruft. Aber ich sagte schon, es nützt euch nichts. Also es war so: Der Weihnachtsmann hatte sich daran erinnert, dass er die meiste Zeit im Jahr schläft und nur für kurze Zeit zu Höchstleistungen aufläuft. Und wie nennt man einen solcherart Beschäftigten? Richtig – Beamter. Und die sind bekanntlich unkündbar.

Zum Schluss noch eine einfach lustige Geschichte, ohne jede satirischen Versuche, ohne Anspielungen auf politisches Geschehen, einfach nur lustig. Sie können dieses Märchen ohne Bedenken Ihren Kindern unterm Weihnachtsbaum vorlesen. Sie werden ihren Glauben an dem Weihnachtsmann trotzdem nicht verlieren, falls sie ihn noch haben.

Ich weiß beim besten Willen nicht mehr, wann mir diese Geschichte eingefallen ist. Aber sie stand ziemlich am Anfang meiner Karriere als „Weihnachtsmärchenerfinder". Und sie ist nicht unbedingt meine schlechteste, finde ich.

Mehr muss man dazu gar nicht schreiben.

Wie der Weihnachtsmann zum Weihnachtsmann wurde

Vor vielen, vielen Jahren, als der Weihnachtsmann selbst noch ein Kind war, und das ist nun wirklich schon verdammt lange her, denn schließlich gibt es den Weihnachtsmann schon ewig, oder könnt ihr euch erinnern, dass der Weihnachtsmann irgendwann früher mal nicht pünktlich zu Weihnachten aufgetaucht wäre?

Vor vielen, vielen Jahren also, als der Weihnachtsmann noch ein Kind war, da war einiges anders als heute, das kann ich euch sagen. Die meisten Dinge waren noch gar nicht erfunden, zum Beispiel die Klospülung, ja, die gab es noch gar nicht. Da kann man mal sehen, welch große Erfindungen oft in so ganz banalen Dingen stecken.

Wobei, ich weiß gar nicht, ob die Menschen früher die Klospülung überhaupt vermisst haben. Denn weil sie noch nicht erfunden war, kannte sie ja kein Mensch, und was kein Mensch kennt, das kann auch keiner vermissen, ist doch logisch?

Oder vermisst jemand von euch einen telekinetischen Timewrobbler? Nein, niemand? Seht ihr, der ist nämlich noch gar nicht erfunden, deshalb vermisst ihr ihn auch nicht. Genauso ging es den Menschen früher also mit der Klospülung.

Ich wollte euch aber von ganz etwas anderem erzählen, nämlich wie es war, als der Weihnachtsmann noch ein Kind war, und dazu brauchen wir die Klospülung gar nicht, nein wirklich nicht.

Als der Weihnachtsmann noch ein Kind war, da sah er überhaupt noch nicht aus wie der Weihnachtsmann. Zwar hatte er immer eine rote Zipfelmütze auf, weil das gut gegen Segelohren ist, und Stiefel trug er auch, allerdings ein paar Nummern kleiner als heute. Das wichtigste aber war, dass kein Mensch ihn Weihnachtsmann nannte, nein alle riefen ihn Knipfelpriem, denn so hatte ihn seine Mutter einmal getauft, das war sein Name, so wie jedes Kind heute einen Namen hat.

So wie du Alexander heißt, oder Jeanette, oder Sebastian oder Sabrina, so hieß der Weihnachtsmann eben Knipfelpriem, und da gibt es überhaupt nichts zu grinsen. Knipfelpriem ist ein sehr schöner Name, so muss einer erst einmal heißen, jawohl!

Die Mutter vom Weihnachtsmann sah aus, wie so eine richtig liebe Mami auszusehen hat. Das brauche ich euch nicht weiter zu beschreiben, denn sicher hat jeder von euch schon einmal eine richtig liebe Mami gesehen und kann sich daher vorstellen, wie die Mami vom Weihnachtsmann aussah.

Etwas später sah sie übrigens aus wie eine richtig

liebe Omi, aber ich schätze, auch da kennt ihr euch aus.

Einen Vater hatte der Weihnachtsmann natürlich auch. Der sah damals fast so aus, wie der Weihnachtsmann heute, falls ihr euch das vorstellen könnt. Er hätte seinen Sohn ja lieber Heidelberti genannt, weil er so gern Heidelbeeren aß und außerdem ein großer Fußballfan war. Das war aber lange vor der Zeit, als Berti Vogts mal deutscher Fußballtrainer war, und die Mutter auch meinte, man könne ein Kind nicht nach etwas nennen, was ständig blau im Wald rumhängt, deshalb einigten sie sich auf Knipfelpriem, das war unverfänglicher.

Eines Tages überraschte der kleine Weihnachtsmann seine Eltern mit seinem Entschluss später einmal Weihnachtsmann werden zu wollen. Man war gerade beim Abendessen, und dem Vater rutschte vor Überraschung der letzte Bissen Schokopfefferkuchen in die Luftröhre, so dass er erst einmal einen gewaltigen Hustenanfall bekam, dem ihm seine Frau mit gezielten Rutenschlägen auf den Rücken schnell zu lindern half. Nun fragt mich bloß nicht, woher sie so schnell die Rute hatte, dass ist schließlich völlig egal, Hauptsache, der Vater kriegte wieder Luft, so dass er nach einem kräftigen Räuspern mit immer noch hochroten Kopf fragen konnte:

„Was hast du gesagt?"

„Wenn ich groß bin, dann will ich Weihnachtsmann werden!" wiederholte der Kleine und baumelte trotzig mit den Beinen unter dem Tisch, was aber niemand sah, weil sich Vater und Mutter gerade erschrocken anschauen mussten.

„Warum um alles in der Welt denn ausgerechnet Weihnachtsmann?" fragte der Vater noch einmal. „Es gibt so viele tolle Berufe auf der Welt; zum Beispiel Bratapfelverkoster oder Geschenkpapierverkäufer oder Schneehöhenmesser. Oder der Mann, der im Telefon immer tut...tut...tut macht, wenn besetzt ist, dass sind doch alles tolle Berufe!"

„Weihnachtsmann ist aber toller" erwiderte der kleine Weihnachtsmann und sah seine liebe Mami ganz flehend an, so dass diese gar nicht anders konnte, als ihren Mann zu fragen:

„Warum soll er eigentlich nicht Weihnachtsmann werden?"

„Weihnachtsmann!" Der Vater ließ hörbar die Luft aus seinem Mund heraus, dass die Lippen flatterten, was sich anhörte, als ob ein Pferd nieste und den kleinen Weihnachtsmann wieder zum Grinsen brachte.

„Weihnachtsmann! Wer weiß ob es da überhaupt eine Lehrstelle für gibt. Und ob da Leute gebraucht werden. Außerdem müsste der Junge dann immer am 24. Dezember arbeiten, wo alle anderen spätestens Mittag nach Hause gehen.“

„Ja“, pflichtete ihm die Mutter bei, „wenn du später mal eine Frau hast und Kinder, dann sitzen die am Heiligabend allein unterm Tannenbaum, und du treibst dich in der Weltgeschichte rum und verteilst Geschenke und fremde Leute.“

Der kleine Weihnachtsmann konnte überhaupt nicht verstehen, wieso ihm seine Eltern derart abrieten. Weihnachtsmann zu sein hat auch viele Vorteile, wenn man nur einmal an die langen Sommerferien denkt. Die beginnen irgendwann kurz hinter Silvester und dauern mindestens bis September.

Aber wie Eltern eben so sind, dafür hatten sie kein Verständnis.

„Denk doch mal dran, wie schlecht das Wetter oft zu Weihnachten ist“, sagte die Mutter und schaute sorgenvoll auf ihren Jungen, der sich immer gleich in jede Pfütze tapsen musste, wenn irgendwo eine da war, und dann mit nassen Schuhen und Socken durch die Gegend lief, als bemerkte er das gar nicht. „Wann gibt es schon mal Schnee, meistens regnet es und jeder ist froh, wenn er nicht vor die Tür muss.

Wie leicht kannst du dich erkälten."

„Ich will aber Weihnachtsmann werden", rief der Weihnachtsmann und schlug mit seiner kleiner Faust wütend auf den Abendbrottisch, dass die Teller klirrten.

Dies hätte er aber lieber nicht machen sollen, denn nun wurde auch der Vater zornig, berechtigter Weise, wie man bemerken muss, denn es steht einem kleinen Jungen nicht zu, wütend mit der Faust auf den Abendbrottisch zu schlagen, dass die Teller klirrten.

„Dann bereite dich darauf vor, von Januar bis Oktober zu schlafen", herrschte ihn der Vater an und schickte seinen Sohn mit einer energischen Handbewegung ins Bett. Heute wissen wir natürlich, dass es pädagogisch unklug ist, ein Kind zur Strafe für Aufsässigkeit ins Bett zu schicken, außerdem ist oft eine viel größere Strafe, wenn man aus dem Bett wieder aufstehen muss, aber bedenkt einmal, dass es für die Eltern gar nicht leicht war, eine passende Strafe zu finden. Ihr würdet heute vielleicht Fernsehverbot am Wochenende kriegen und euch mächtig darüber ärgern, aber damals gab es noch kein Fernsehen, so dass Fernsehverbot für den kleinen Weihnachtsmann überhaupt keine richtige Strafe gewesen wäre.

Jedenfalls hatte das Zu-Bett-Schicken den Erfolg, dass der kleine Weihnachtsmann, als er in seinen Kissen lag und überhaupt nicht müde war, ihr kennt das sicher, dass der kleine Weihnachtsmann so bei sich dachte: „Euch werd' ich's zeigen, ich werde doch Weihnachtsmann."

Tja, und was glaubt ihr, hat sich der kleine Weihnachtsmann durchgesetzt?

Na klar, sonst gäbe es den Weihnachtsmann doch gar nicht und seine Arbeit müsste ein anderer machen. Aber das es so schwer würde, hatte der Weihnachtsmann doch nicht gedacht.

Erst mal musste er lesen und schreiben lernen, denn schließlich muss er wissen, was auf euren Wunschzetteln steht, und er muss die Geschenke beschriften können, damit alles richtig ankommt. Da würdet ihr nämlich ganz schön dumm gucken, wenn ihr euer Weihnachtsgeschenk auspackt und drin wäre eine Flasche Kräuterlikör der Marke „Stichpimpelibockforzelorum", der war eigentlich für Onkel Erwin bestimmt. Oder stellt euch vor, euer Opa findet in seinem Päckchen den neuen Büstenhalter für Tante Erika, was würde da die Oma denken, na ich weiß ja nicht.

Als der Weihnachtsmann lesen und schreiben gelernt hatte, musste er rechnen üben und Sport trainieren. Es erfordert eine gute Kondition und exakte Planung, am Heiligabend bei so vielen Kindern vorbeizuschauen. Gut, es gibt die Zeitverschiebung und ehrlich gesagt, manche Geschenke bringt er schon früher vorbei und beauftragt dann die Eltern, alles am 24. Dezember in würdiger Form zu überreichen, mit manchen Kindern kann er das so machen, was ihn natürlich etwas entlastet. Aber es gibt auch solche, die würden sofort behaupten, dass es den Weihnachtsmann gar nicht gäbe, würde er nicht persönlich bei ihnen aufkreuzen.

So gesehen ist Weihnachtsmann ein ganz schön schwerer Job, und ich möchte nicht mit ihm tauschen. Ich meine, ein bisschen macht er sich das Leben auch selber schwer, zum Beispiel benutzt er immer noch diesen alten Sack, der sich so blöde tragen lässt, jeder ALDI Beutel ist da bequemer. Auch hätte er längst schon mal einen zweiten Mann einstellen können, aber da ist er auch wieder eigen, da hat er Angst, tauchen erst einmal zwei Weihnachtsmänner auf, da könnten die Leute fragen, welcher denn nun der richtige sei. Und er hat ja schon genug zu kämpfen mit dieser albernen Konkurrenz, die auf Weihnachtsmärkten sich anbieten, um Fotos mit den lieben Kindern zu machen. Obwohl eigentlich jeder gleich merkt, dass das nicht der echte Weihnachtsmann sein kann, da hat sich nur jemand verkleidet, um ein gutes Geschäft zu machen, denn wie könnte der Weihnachtsmann so kurz vor Weihnachten Zeit haben, tagelang auf dem Weihnachtsmarkt herumzustehen und sich von aller Welt abknipsen zu lassen.

Ich will ja nicht sagen, dass er überhaupt nicht auf den Weihnachtsmarkt kommt, das macht er schon, oh ja, aber nur kurz, um ein paar Bonbons und Pfefferkuchen zu verteilen, damit sich die Kinder langsam an die Süßigkeiten gewöhnen und ihnen zur Weihnachtszeit, wenn es die bunten Teller gibt, nicht gleich der Magen explodiert.

Jedenfalls können wir froh sein, dass es den Weihnachtsmann gibt, dass er sich damals durchgesetzt hat, und das war gar nicht so einfach, wo er doch gleich ins Bett geschickt wurde. Wir sollten auch höflich über die kleinen Macken, die er hat, hinwegsehen. Er ist nun doch schon ein paar Jährchen alt, klar wäre es Zeit für ein modischeres Outfit, allein schon die Frisur und sein alter Schlabbermantel sind nun wirklich nicht der letzte Schrei. Aber er fühlt sich halt wohl darin und wer weiß, ob wir ihn mit Föhnfrisur und Skianzug noch so mögen würden. Und wenn er uns nach einem kleinen Gedichtchen fragt, dann machen wir ihm doch die Freude und sagen zum 124. Mal auf:

„Lieber, guter Weihnachtsmann, schau mich nicht so böse an..."

Letztendlich sind wir doch alle froh, wenn wir reich beschenkt werden, und da kann man nun wirklich nicht meckern.

So, nun habe ich euch erzählt, wie der Weihnachtsmann zum Weihnachtsmann wurde. Lasst euch aber nichts anmerken, wenn ihr ihn das nächste Mal seht, sonst bekomme ich statt meines Geschenkes möglicherweise noch eins mit der Rute, nur weil ich an der einen oder anderen Stelle vielleicht ein wenig geflunkert habe. Aber das ist zur Weihnachtszeit doch erlaubt, oder?

Über den Autor

Gerd Thiele ist Jahrgang 1959 und leitet seit 2008 das Planetarium in Cottbus. Auch vorher war er für dieses Haus bereits ehrenamtlich tätig, arbeitete hauptberuflich aber als Lehrer und Ausbilder.

Schon in dieser Zeit schrieb er Drehbücher, vor allem solche, in denen Kindern spielerisch oder märchenhaft das Himmelsgeschehen nahegebracht wird. Zu seinen erfolgreichsten Geschichten gehören die deutschlandweit aufgeführten Kindershows „Die drei Weihnachtssternchen", „Tom rettet den Frühling", „Von Fröschen, Sternen und Planeten" oder „Waldwichtels Weihnachtsabenteuer".

Inzwischen ist das Sternentheater sein Beruf geworden, aber das Schreiben seine Leidenschaft geblieben. Im September 2020 veröffentlichte er sein erstes Buch „Albtraum und andere unheimliche Geschichten".